Praktische Grammatik der norwegischen Sprache

Bjørn Kvifte
Verena Gude-Husken

Praktische Grammatik der norwegischen Sprache

5. Auflage

gottfried egert verlag
2021

Praktische Grammatik der norwegischen Sprache

von
Hochschuldozent Bjørn Kvifte, Høgskolen i Østfold,
Volkshochschuldozentin Verena Gude-Husken M.A., Lüdinghausen

Bibliografische Information Der Deutschen Bibliothek
Die Deutsche Bibliothek verzeichnet diese Publikation in der Deutschen Nationalbibliografie; detaillierte bibliografische Daten sind im Internet über <http://dnb.ddb.de> abrufbar.

ISBN 978-3-936496-43-7 5., unveränderte Auflage 2021
ISBN 978-3-936496-43-7 4., korrigierte Auflage 2015
ISBN 978-3-926972-54-5 3., unveränderte Auflage 2005
ISBN 3-926972-54-8 2., unveränderte Auflage 2000
(ISBN 3-926972-54-8 Erstausgabe) 1997

www.egertverlag.de
Gedruckt auf Recyclingpapier aus 100% Altpapier

Herstellung: Sonnendruck GmbH, Wiesloch
Printed in Germany

Vorwort

Die vorliegende *Praktische Grammatik der norwegischen Sprache* ist eine Lern- und Nachschlagegrammatik für deutschsprachige Norwegischlernende. Das Buch gibt eine vollständige Einführung in die Hauptvariante der norwegischen Sprache, das «bokmål». Es richtet sich vor allem an Studierende des Faches der Nordischen Philologie und an Norwegischlernende der Volkshochschulen, eignet sich aber auch für alle, die Interesse an der norwegischen Sprache haben.

Die Grammatik besteht aus vierzehn Kapiteln. In der Beschreibung der sprachlichen Erscheinungen wird die traditionelle grammatische Terminologie verwendet. Nach einem einführenden Kapitel zur Aussprache folgen die Kapitel zu den einzelnen Wortarten. Die letzten drei Kapitel beschäftigen sich mit dem Satzbau.

Die sprachlichen Strukturen werden anhand zahlreicher Beispielsätze, die auf dem Grund- und Aufbauwortschatz der norwegischen Sprache basieren, in leicht verständlicher Weise veranschaulicht. Durch die konsequente und systematische kontrastive Beschreibung werden sowohl die Unterschiede als auch die Gemeinsamkeiten zwischen den beiden Sprachen deutlich. Alle Beispielsätze sind ins Deutsche übersetzt, damit die Lernenden zugleich ihren aktiven Wortschatz erweitern können.

Die zahlreichen Querverweise sowie das ausführliche Wort- und Sachregister am Ende des Buches ermöglichen ein schnelles und gezieltes Nachschlagen der grammatischen Fragestellung, so dass sich die Grammatik für das Selbststudium gut eignet.

Halden und Lüdinghausen, im Februar 1997

Bjørn Harald Kvifte
Verena Gude-Husken

Inhaltsverzeichnis

Kapitel 6 Adverbien

Kapitel 7 Pronomen

Kapitel 8 Verben

Kapitel 13 Die Satzarten

Kapitel 14 Die Stellung der Satzglieder (Wortfolge)

Kapitel 1 Aussprache und Schrift

Das Alphabet 1

Das norwegische Alphabet umfasst folgende Buchstaben:

a	[ɑ:]	i	[i:]	q	[kʉ:]	y	[y:]
b	[be:]	j	[je:]	r	[ær:]	z	[sɛt:]
c	[se:]	k	[kɔ:]	s	[ɛs:]	æ	[æ:]
d	[de:]	l	[ɛl:]	t	[te:]	ø	[ø:]
e	[e:]	m	[ɛm:]	u	[ʉ:]	å	[ɔ:]
f	[ɛf:]	n	[ɛn:]	v	[ve:]		
g	[ge:]	o	[u:]	w	['dɔbəlt-ve:]		
h	[hɔ:]	p	[pe:]	x	[ɛks]		

Die Buchstaben <c>, <q>, <w>, <x> und <z> werden nur in einigen Namen fremder Herkunft und in Fremdwörtern benutzt.

Die Aussprache 2

Es ist nicht einfach, ein übersichtliches Bild über die norwegische Aussprache zu geben. Das hängt damit zusammen, dass die meisten Norweger einen der zahlreichen Dialekte oder ein mehr oder weniger stark dialektgeprägtes Norwegisch sprechen. Außerdem gibt es keine offizielle Aussprachenorm. Inzwischen ist es üblich, die Darstellung der norwegischen Aussprache auf der Lautung des normalisierten (d.h. schriftsprachnahen) Ostnorwegisch aufzubauen, so wie auch diese Aussprachevariante in diesem Buch beschrieben wird. In den folgenden Tabellen wird, von den Lauten ausgehend, die norwegische Aussprache nach dem Transkriptionssystem der *International Phonetic Association* (IPA) angegeben. Die norwegischen Toneme (→ §17) werden dadurch gekennzeichnet, dass das Betonungszeichen für das Tonem 1 einzeln und für das Tonem 2 doppelt gesetzt wird: *hoppet* ['hɔp:ə] (der Sprung) - *hoppet* [''hɔp:ət] (gesprungen).

Die Vokale

Wie im Deutschen unterscheidet man im Norwegischen zwischen kurzen und langen Vokalen.

3 Kurze Vokale

Laut	Schreibung	Beispiele	Beschreibung
[ɑ]	a	**katt** [kɑt]	dunkler als das dt. [a] in *Katze*
[ɛ]	e	**vende** [''vɛn:ə]	geschlossener als das dt. [ɛ] in *wenden*
[ə]	e	**beholde** [bə'hɔl:ə] (behalten)	Der Reduktionsvokal [ə] kommt in beiden Sprachen in unbetonter Silbe vor und wird wie das dt. [ə] in *hohen* gesprochen.
[ɪ]	i	**mitt** [mɪt] (meins)	heller und geschlossener als das dt. [ɪ] in *mit*
[ʊ]	1. o 2. u	**rom** [rʊm] (Raum) **dum** [dʊm] (dumm)	geschlossener als das dt. [ʊ] in *Rum*
[ʉ]	u	**hull** [hʉl] (Loch)	Das norw. [ʉ] ist ein geschlossener, gerundeter Vokal, der dunkler als das deutsche [ʏ] in *Hütte* und heller als das deutsche [ʊ] in *Puppe* ist.
[ʏ]	y	**hytte** [''hʏt:ə] (Hütte)	heller und geschlossener als das dt. [ʏ] in *Hütte*
[æ]	1. æ 2. e	**vært** [væʈ] (gewesen) **vert** [væʈ] (Wirt)	offener als das dt. [ɛ] in *Wände*
[œ]	ø	**østlig** [''œstlɪ] (östlich)	unbedeutend geschlossener, aber deutlich gerundeter als das dt. [œ] in *östlich*
[ɔ]	1. å 2. o	**åtte** [''ɔt:ə] (acht) **lokk** [lɔk] (Deckel)	offener als das dt. [ɔ] in *Sonne*

4 Besonderheiten der Aussprache einiger kurzer Vokale

1. Der Buchstabe <e>

Der Buchstabe <e> wird vor zwei oder mehr Konsonanten in betonter Silbe [ɛ] oder [æ] ausgesprochen:

• Die normale Aussprache in betonter Silbe ist [ɛ]: *hest* [hɛst] (Pferd), *test* [tɛst] (Test), *sende* [''sɛn:ə] (senden) (auch die geschlossenere Variante [e] kommt häufig vor: [hest, test, ''sen:ə]).

• Wenn <e> vor *r* + Konsonant (*n, l, d*) steht, ist die Aussprache normalerweise [æ]: *konsert* [kun:'sæʈ] (Konzert), *sterk* [stærk] (stark).

2. Der Buchstabe <u>

Der Buchstabe <u> wird entweder wie [ʉ] oder [ʊ] ausgesprochen, abhängig von dem Wort, in dem es steht: *pult* [p**ʉ**lt] (Pult) aber *pung* [p**ʊ**ŋ] (Geldbeutel).

- Vor zwei oder mehr Konsonanten ist die Aussprache meistens [ʉ]: *duft* [d**ʉ**ft] (Duft), *luft* [l**ʉ**ft] (Luft), *putte* [''p**ʉ**t:ə] (stecken), *rundt* [r**ʉ**nt] (herum).
- Vor <k> + einem anderen Konsonant und vor <ng>, <nk> und <m(m)> ist die Aussprache meistens [ʊ]: *sukker* ['s**ʊ**k:ər] (Zucker), *lukt* [l**ʊ**kt] (Geruch), *bukse* [''b**ʊ**ksə] (Hose), *drukne* [''dr**ʊ**knə] (ertrinken), *tung* [t**ʊ**ŋ] (schwer), *dunke* [''d**ʊ**ŋkə] (hämmern), *dum* [d**ʊ**m] (dumm), *hummer* ['h**ʊ**m:ər] (Hummer). Es gibt jedoch viele Ausnahmen von dieser Regel: *frukt* [fr**ʉ**kt] (Obst), *summe* [''s**ʉ**m:ə] (summen), *gummi* [''g**ʉ**m:ɪ] (Gummi), u.v.a.

3. Der Buchstabe <o>

Der Buchstabe <o> wird sowohl als [ʊ] und [ɔ] ausgesprochen, abhängig von dem jeweiligen Wort, in dem es steht: *bort* [b**ʊ**ʈ] (weg), *rom* [r**ʊ**m] (Zimmer), *fort* [f**ʊ**ʈ] (schnell), *kost* [k**ʊ**st] (Besen), *ost* [**ʊ**st] (Käse), aber *kom* [k**ɔ**m] (kam), *som* [s**ɔ**m] (wie), *sopp* [s**ɔ**p] (Pilz), *kort* [k**ɔ**ʈ] (kurz), *post* [p**ɔ**st] (Post).
Es ist nicht ohne weiteres möglich, einfache und übersichtliche Ausspracheregeln aufzustellen, so dass die Aussprache für jedes Wort einzeln gelernt werden muss.

Kurzer Vokal im Norwegischen - langer Vokal im Deutschen 5

1. In einigen vergleichbaren Wörtern spricht man im Norwegischen kurze Vokale, im Deutschen aber lange:

fart [f**ɑ**ʈ]	Fahrt [f**a:**ʁt]
bart [b**ɑ**ʈ]	Bart [b**a:**ʁt]
demon [d**ə**'mu:n]	Dämon ['d**ɛ:**mɔn]
kreps [kr**ɛ**ps]	Kreps [kʁ**e:**ps]
nemlig [''n**ɛ**mlɪ]	nämlich ['n**ɛ:**mlɪç]
sverd [sv**æ**ɖ]	Schwert [ʃv**e:**ɐt]
verdt [v**æ**ʈ]	wert [v**e:**ɐt]

2. Beachte, dass die norwegische Endsilbe <-ikk> immer betont ist und mit einem kurzem <i> gesprochen wird, während die entsprechende, deutsche Silbe <-ik> mit langem <i> gesprochen wird, wenn sie betont ist:

fabrikk [fɑ'br**ɪ**k]	Fabrik [fɑ'bʁ**i:**k]
fysikk [fʏ's**ɪ**k]	Physik [fʏ'z**i:**k]
katolikk [kat:ʊ'l**ɪ**k]	Katholik [katɔ'l**i:**k]
kritikk [krɪ't**ɪ**k]	Kritik [kʁɪ't**i:**k]
musikk [mʉ's**ɪ**k]	Musik [mʊ'z**i:**k]
politikk [pʊlɪ't**ɪ**k]	Politik [pɔlɪ't**i:**k]
republikk [rəpʉ'bl**ɪ**k]	Republik [ʁəpʊ'bl**i:**k]

6 Lange Vokale

Laut	Schrei-bung	Beispiele	Beschreibung
[ɑ:]	a	d**a**me ["dɑ:mə]	dunkler als das dt. [a:] in *D**a**me*
[e:]	e	**e**del ['e:dl]	ein wenig offener als das dt. [e:] in *e**del***
[i:]	i	kr**i**se ["kri:sə]	ähnlich wie das dt. [i:] in *Kr**i**se*
[u:]	o	b**o**k [bu:k] (Buch)	etwas offener und mit weniger ausgeprägter Lippenrundung als das dt. [u:] in ***Buch***
[ʉ:]	u	t**u**r [tʉ:r] (Reise)	geschlossener, gerundeter Vokal, der dunkler als das deutsche [y:] in *T**ü**r* und heller als das deutsche [u:] in ***Tou**r* ist
[y:]	y	f**y**r [fy:r] (Feuer)	heller als das dt. [y:] in *f**ü**r*
[æ]	1. æ 2. e	v**æ**re ["væ:rə] (sein) d**e**r [dæ:r] (dort)	offener als das dt. [ɛ:] in *D**ä**ne*
[ø:]	ø	l**ø**se ["lø:sə](lösen)	ähnlich wie das dt. [ø:] in *l**ö**sen*, aber mit weniger ausgeprägter Lippenrundung gesprochen
[ɔ:]	1. å 2. o	b**å**t [bɔ:t) (Boot) t**o**g [tɔ:g] (Zug)	offener und mit weniger ausgeprägter Lippenrundung als das dt. [o:] in ***Boot***

7 Besonderheiten der Aussprache einiger langer Vokale

1. Der Buchstabe <e>

Der Buchstabe <e> wird vor <r> (+ <n>, <l>, <d>) wie [æ:] ausgesprochen: *her* [h**æ:**r] (hier), *der* [d**æ:**r] (dort), *jern* [j**æ:**ɳ] (Eisen), *perle* ["p**æ:**ɭə] (Perle), *ferdig* ["f**æ:**ɖɪ] (fertig).
Ausnahmen: *mer* [m**e:**r] (mehr), *flere* ['fl**e:**rə] (mehrere) und alle Verben, die auf <-ere> enden: *analysere* [analʏ's**e:**rə] (analysieren), usw.

2. Der Buchstabe <o>

Der Buchstabe <o> wird normalerweise [u:] ausgesprochen, wenn er am Wortauslaut steht oder wenn nicht mehr als ein Konsonant folgt: *ro* [r**u:**] (Ruhe), *to* [t**u:**] (zwei), *lot* [l**u:**t] (ließ), *mot* [m**u:**t] (Mut).

Ausnahmen: Wenn <o> vor <v> oder <g> steht, wird es häufig wie [ɔ:] ausgesprochen: *love* ["l**ɔ:**və] (versprechen), *sove* ["s**ɔ:**və] (schlafen), *tog* [t**ɔ:**g] (Zug).

8 Vokallänge und Diphthongierung

Die norwegischen langen Vokale werden oft länger gesprochen als die entsprechenden deutschen, und sie werden manchmal so stark ausgedehnt, dass sie mehr oder weniger diphthongiert werden: *tre* [**tre:**$_{\varepsilon}$] (drei), *støv* [st**ø:**$_{œ}$v] (Staub), *stå* [st**ɔ:**$_{a}$] (stehen).

Die Diphthonge 9

Laut	Schrei- bung	Beispiele	Beschreibung
[æʉ]	1. au 2. eu	s**au** [sæʉ] (Schaf) **Eu**ropa [æʉ'ru:pɑ]	Gleitbewegung von einem [æ]-Laut in Richtung eines [ʉ]-Lautes
[æɪ]	1. ei 2. eg	n**ei** [næɪ] (nein) t**eg**ne ["tæɪnə] (zeichnen)	Gleitbewegung von einem [æ]-Laut in Richtung eines [ɪ]-Lautes
[œʏ]	1. øy 2. øg	pl**øy**e ["plœʏə] (pflügen) l**øg**n [lœʏn] (Lüge)	Gleitbewegung von einem [œ]-Laut in Richtung eines [ʏ]-Lautes
[ɑɪ]	ai	k**ai** [kɑɪ] (+ einige wenige andere Fremdwörter)	ähnlich wie das dt. [ae] in *Kai*, aber die Gleitbewegung endet im Norwegischen bei einem geschlosseneren Vokal
[ɔɪ]	oi	konv**oi** [kʊn'vɔɪ] (+ einige wenige andere Fremdwörter)	ähnlich wie das dt. [ɔø] in *Konvoi*, aber die Gleitbewegung endet im Norwegischen bei einem geschlosseneren Vokal

Eine Gemeinsamkeit der norwegischen und deutschen Diphthonge besteht darin, dass die Artikulation mit einem relativ offenen Laut beginnt und zu einem geschlosseneren Laut gleitet.

Die Aussprache der Diphthonge <au> und <ei> 10

Beachte, dass die Aussprache der ansonsten gleich geschriebenen Diphthonge <au> und <ei> in den beiden Sprachen verschieden ist:

sau [s**æʉ**] (Schaf) bein [b**æɪ**n] (Bein)	Sau [s**ao**] Bein [b**ae**n]

Anmerkung: Im Norwegischen kann der zweite Vokal des Diphthongs [æʉ] in ein [v] übergehen: *sau* [sæ**v**] (Schaf), *tau* [tæ**v**] (Seil).

Zur Rechtschreibung einiger Diphthonge 11

1. Zur Rechtschreibung des Diphthongs [æɪ]

• Normalschreibung: <ei>:
hei [h**æɪ**] (hallo), *sei* [s**æɪ**] (Seelachs), *reip* [r**æɪ**p] (Seil)

• andere Schreibung:
<eg> (vor <l> und <n>): *negl* [**næɪ**l] (Nagel), *tegl* [**tæɪ**l] (Ziegel), *regn* [**ræɪ**n] (Regen), *tegne* [''**tæɪ**nə] (zeichnen)
<eg> (bei einigen Pronomen): *jeg* [**jæɪ**] (ich), *meg* [**mæɪ**] (mich), *deg* [**dæɪ**] (dich), *seg* [**sæɪ**] (sich)
<ek> in dem Zahlwort *seksten* [''**sæɪ**stən] (sechzehn)

2. Zur Rechtschreibung des Diphthongs [œʏ]

• Normalschreibung: <øy>:
høy [h**œʏ**] (hoch), *køye* [''k**œʏ**ə] (Koje), *bøye* [''b**œʏ**ə] (beugen)

• andere Schreibung:
<øg> (vor <n>) : *løgn* [l**œʏ**n] (Lüge), *døgn* [d**œʏ**n] (einen Tag und eine Nacht)

3. Zur Rechtschreibung des Diphthongs [æʉ]

• Normalschreibung: <au>:
saus [s**æʉ**s] (Soße), *raus* [r**æʉ**s] (großzügig), *pause* [''p**æʉ**sə] (Pause)

• andere Schreibung: <eu> (in einigen wenigen Fremdwörtern):
euro- ['**æʉ**rʊ-] (Euro-), *eufori* [**æʉ**fʊ'ri:] (Euphorie)

12 Die Konsonanten

Laut	Schreibung	Beispiele	Beschreibung
[b]	b	**b**all [bɑl]	wie das dt. [b] in ***B**all*
[d]	d	**d**ame [''dɑ:mə]	wie das dt. [d] in ***D**ame*
[f]	f	**f**erie ['fe:riə]	wie das dt. [f] in ***F**erien*
[g]	g	**g**alle [''gɑl:ə]	wie das dt. [g] in ***G**alle*
[h]	h	**h**als [hɑls]	wie das dt. [h] in ***H**als*
[j]	1. j 2. gj 3. hj 4. g	**j**akt [jɑkt] **gj**est [jɛst] (Gast) **hj**elp [jelp] (Hilfe) **g**ips [jɪps] (Gips)	wie das dt [j] in ***J**agd*
[k]	k	**k**ald [kɑl]	wie das dt. [k] in ***k**alt*
[ç]	1. kj 2. k 3. tj	**kj**emi [çɛ'mi:] **k**ino ['çi:nʊ] (Kino) **tj**ue [''çʉ:ə] (zwanzig)	wie das dt [ç] in ***Ch**emie*
[l]	l	**l**ese [''le:sə]	wie das dt. [l] in ***l**esen*
[m]	m	**m**ann [mɑn]	wie das dt. [m] in ***M**ann*
[n]	n	**n**akke [''nak:ə]	wie das dt. [n] in ***N**acken*
[ŋ]	-ng	la**ng** [laŋ]	wie das dt. [ŋ] in *la**ng***
[p]	p	**p**ost [pɔst]	wie das dt. [p] in ***P**ost*
[r]	r	**r**ose [ru:sə]	Zungenspitzen-*r* (→ §13,1)

[ɖ]	-rd	ve**rd** [væɖ] (Wert)	Laute, die durch eine Verschmelzung des [r] mit dem folgenden Konsonanten zustandekommen (→ § 13,2)
[ɭ]	-rl	pe**rl**e ["pæɭə] (Perle)	
[ɳ]	-rn	ve**rn**e ["væɳə] (schützen)	
[ʈ]	-rt	**surt** [sʉʈ] (sauer)	
[s]	s	**s**kandale [skɑn'dɑ:lə]	wie das dt. [s] in ***Skandal***
[ʃ]	1. sj- 2. skj- 3. sk- 4. -rs	**sj**ef [ʃe:f] (Chef) **skj**erm [ʃærm] (Schirm) **sk**yld [ʃYl] (Schuld) ve**rs** [væʃ] (Vers)	ähnelt dem dem dt. [ʃ] in ***Schirm***, aber der norwegischen Laut wird mit weniger stark nach vorn geschobenen und weniger gerundeten Lippen artikuliert (→ §14,3)
[t]	t	**t**one ["tu:nə]	wie das dt. [t] in ***Ton***

Die Aussprache des /R/-Lautes 13

1. Zungenspitzen-[r] oder Hinterzungen-[ʁ]

Das ostnorwegische Zungenspitzen-*r* unterscheidet sich etwas von dem deutschen Zungenspitzen-*r*. Während das deutsche gebildet wird, indem die Zunge zwei- bis dreimal gegen den Gaumen schlägt, wird das ostnorwegische gebildet, indem die Zunge nur einmal gegen den Gaumen schlägt.
Es ist aber auch möglich, das Hinterzungen-[ʁ] zu verwenden, wenn man ein normalisiertes Norwegisch spricht, wie es die Süd- und Westnorweger tun.

2. Die Aussprache der Buchstabenkombinationen <rd>, <rl>, <rn>, <rt> und <rs>

Bei Zungenspitzen-*r*-Sprechern stehen die Buchstaben <rd>, <rl>, <rn>, <rt> und <rs> für die Laute [ɖ], [ɭ], [ɳ], [ʈ] und [ʃ]:

kardinal [kɑ**ɖ**ɪ'nɑ:l]	Kardinal [ka**ʁd**ɪ'nal]
Karl [kɑ:**ɭ**]	Karl [ka**ʁl**]
garn [gɑ:**ɳ**]	Garn [ga**ʁn**]
start [stɑ:**ʈ**]	Start [sta**ʁt**]
kurs [kʉ:**ʃ**]	Kurs [kʊ**ʁs**]

Wie die Beispiele zeigen, kennt das Deutsche keine solche Verschmelzung des /r/ mit dem folgenden Konsonanten. Das gleiche gilt für die norwegischen Hinterzungen-*r*-Sprecher, so dass es gut möglich ist, ein normalisiertes Norwegisch zu sprechen, ohne diese Laute zu benutzen: [ka**ʁd**ɪ'nɑl], [kɑ**ʁl**], [gɑ**ʁn**], [stɑ**ʁt**], [kʉ**ʁs**].

3. Keine Vokalisierung des /r/ im Norwegischen

Das Norwegische hat im Gegensatz zum Deutschen kein vokalisiertes /r/:

fetter ['fɛt:**ər**]	Vetter ['fɛt**ɐ**]
erkjenne [æ**r**'çɛn:ə]	erkennen [e**ɐ**'kɛnən]
ur [ʉ:**r**]	Uhr [ʊ:**ɐ**]
dør [dø:**r**]	Tür [ty:**ɐ**]

14 Besonderheiten der Aussprache der Konsonanten

1. [v] im Norwegischen - [f] im Deutschen

Beachte, dass der Buchstabe <v> in einigen Fällen im Norwegischen für den Laut [v] steht, im Deutschen dagegen für [f]:

brav [brɑ:**v**],	brav [bʁa:**f**]
vers [**v**æʃ],	Vers [**f**ɛʁs]
Eva [''e:**v**ɑ]	Eva ['e:**f**a]
naiv [nɑ'i:**v**]	naiv [na'i:**f**]

2. [s] im Norwegischen - [z] im Deutschen

Das Norwegische kennt kein stimmhaftes *s*:

rose [''ru:**s**ə]	Rose ['ʁo:**z**ə]
sofa ['**s**u:fɑ]	Sofa ['**z**o:fa]
sommer [''**s**ɔm:ər]	Sommer ['**z**ɔmɐ]

3. [s] im Norwegischen - [ʃ] im Deutschen

<s> wird im Norwegischen vor *m, n, p, t* und *v* als [s] ausgesprochen:

smal [**s**mɑ:l], smerte [''**s**mæʈə],	schmal [**ʃ**ma:l], Schmerz ['**ʃ**me:ʁts],
sminke [''**s**mɪŋkə]	Schminke ['**ʃ**mɪŋkə]
sne [**s**ne:], snitte [''**s**nɪt:ə],	Schnee [**ʃ**ne:], schnitzen ['**ʃ**nɪtsən],
snor [**s**nu:r]	Schnur [**ʃ**nʊɐ]
spagetti [**s**pɑ'gɛt:ɪ], spansk,	Spaghetti [**ʃ**pa'gɛtɪ], spanisch
[**s**pɑnsk]	['**ʃ**pa:nɪʃ]
stank [**s**tɑŋk], start [**s**tɑ:ʈ],	Gestank [ge**ʃ**taŋk], Start [**ʃ**taʁt],
stil [**s**ti:l]	Stil [**ʃ**ti:l]
svanger ['**s**vɑŋər], svart [**s**vɑʈ],	schwanger ['**ʃ**vaŋɐ], schwarz [**ʃ**va:ʁts],
sverd [**s**væɖ]	Schwert [**ʃ**ve:ɐt]

Anmerkung: Endet die vorausgehende Silbe auf <r>, werden jedoch oft <r> und <s> zusammengezogen und als [ʃ] ausgesprochen: stå ['**s**tɔ:] (stehen) aber forstå [fɔ'**ʃ**tɔ:] (verstehen) (→ §13,2).

4. [ʃ] im Norwegischen - [ʒ] im Deutschen

Das Norwegische kennt nicht den stimmhaften Laut [ʒ], sondern verwendet stattdessen den entsprechenden stimmlosen Laut [ʃ]:

geni [ʃe'ni:]	Genie [ʒe'ni:]
regi [re'ʃi:]	Regie [ʁe'ʒi:]
sjalusi [ʃɑlʉ'si:]	Jalousie [ʒalʊ'zi:]
journalist [ʃʊɳɑ'lɪst]	Journalist [ʒʊʁna'lɪst]

Die Aussprache der Doppelkonsonanten 15

Doppelkonsonanten im Norwegischen kennzeichen, dass der vorhergehende Vokal kurz ist: *takk* [tɑk] (danke), *tinn* [tɪn] (Zinn), *hopp* [hɔp] (Sprung).
Beachte aber, dass die Aussprache des doppelt geschriebenen Konsonanten vor einem kurzen, unbetonten Vokal länger wird: *takke* ["tɑ**k:**ə] (danken), *finne* ["fɪ**n:**ə] (finden), *hoppe* ["hɔ**p:**ə] (springen).

Das ist im Deutschen nicht der Fall; dort kennt man keine «langen» Konsonanten.
Vergleiche die Aussprache von folgenden Wörtern:

kappe ["kɑ**p:**ə]	Kappe [ka**p**ə]
kanne ["kɑ**n:**ə]	Kanne [ka**n**ə]

Die Betonung 16

Sowohl das Norwegische als auch das Deutsche unterscheidet zwischen betonten und unbetonten Silben, und in der Regel besteht bezüglich der Verteilung der Betonung in den beiden Sprachen bei vergleichbaren Wörtern Übereinstimmung.

Es gelten folgende Hauptregeln:

1. In nicht zusammengesetzten Wörtern liegt die Betonung normalerweise auf der ersten Silbe:

skole ["sku:lə]	Schule ['ʃu:le]
tante ["tɑntə]	Tante ['tantə]
offer ['ɔf:ər]	Opfer ['ɔpfɐ]

2. In Ableitungen liegt die Betonung normalerweise auf der Wurzelsilbe:

betale [bə'tɑlə]	bezahlen [bə'tsa:lən]
forstand [fɔ'ʃtɑn]	Verstand [vɐ'ʃtant]
dumhet ['dʊmhe:t]	Dummheit ['dʊmhaet]
svangerskap ['ʃvɑŋərskɑ:p]	Schwangerschaft ['ʃvaŋɐʃaft]

Anmerkung:
Die Partikel *full-*, *mis-*, *um-*, *over-* und *under-* werden im Norwegischen betont, während die entsprechenden deutschen Partikel *voll-*, *miss-*, *um-*, *über-* und *unter-* unbetont sind:

fullføre [''fʉlfœ:rə]	vollenden [fɔl'endən]
misbruke [''mɪsbrʉkə]	missbrauchen ['mɪsbʁaoxən]
omgå ['ʊmgɔ]	umgehen [ʊ:m'gehən]
oversette [''ɔ:vərsɛttə]	übersetzen [ybɐ'zɛtsən]
underskrive [''ʉnərskri:və]	unterschreiben [ʊntɐ'ʃʁaebən]

3. In Fremdwörtern besteht in der Regel dieselbe Betonung wie im Deutschen (d.h. die Betonung der Ursprungssprache wird beibehalten):

general [gene'rɑ:l]	General [gene'ʁa:l]
professor [prʊ'fɛsʊr]	Professor [prɔ'fesɔʁ]
monarki [mʊnɑr'ki:]	Monarchie [mɔnaʁ'çi:]

Anmerkung:
Beachte folgende Ausnahmen:

1. Wörter, die auf *-ikk* enden, haben immer die Betonung auf der letzten Silbe (→ §5,2):

grammatikk [grɑmɑ'tɪk]	Grammatik [gʁa'matɪk]
botanikk [bʊtɑ'nɪk]	Botanik [bɔ'ta:nɪk]
klinikk [klɪ'nɪk]	Klinik ['kli:nɪk]
logikk [lʊ'gɪk]	Logik ['lɔgɪk]

2. Einzelne Fremdwörter können in den beiden Sprachen unterschiedliche Betonungen aufweisen:

araber [ɑ'rɑbər]	Araber ['a:ʁabɐ]
direktør [dɪrɛk'tø:r]	Direktor [dɪ'rɛktɔʁ]
humor ['hʉ:mʊr]	Humor [hʊ'mɔ:ɐ]
insekt [''ɪnsɛkt]	Insekt [ɪn'sɛkt]
karakter [kɑrɑk'te:r]	Charakter [ka'raktɐ]
osean [ʊse'ɑ:n]	Ozean ['ɔtsea:n]

17 Die Wortmelodie

Im Gegensatz zum Deutschen gibt es im Norwegischen in mehrsilbigen Wörtern mit Betonung auf der ersten Silbe zwei Wortmelodien (Toneme, musikalische Akzente), so dass das Wort entweder Tonem 1 oder Tonem 2 hat. Bei dem Tonem 1 wird die betonte Silbe tiefer gesprochen als die anderen Silben, und der Ton steigt zum Ende des Wortes (d.h. steigende Wortmelodie). Bei dem Tonem 2 sinkt der Ton auf der ersten betonten Silbe, steigt jedoch wieder in den folgenden Silben (d.h. fallend-steigende Wortmelodie).

Weder Tonem 1 noch Tonem 2 entsprechen der deutschen Wortmelodie, bei der der Ton zum Ende des Wortes sinkt.

Indem die norwegische Wortmelodie geändert wird, kann auch die Bedeutung eines einzelnen Wortpaares geändert werden, das ansonsten in der Aussprache vollkommen identisch ist:

smilet - smile ['smi:lə - "smi:lə] bønder - bønner ['bœn:ər - "bœn:ər] heller - heller ['hɛl:ər - "hɛl:ər]	das Lächeln – (zu) lächeln Bauern - Bohnen lieber - gießen

Die Regeln für die Verteilung der Wortmelodie sind kompliziert und weisen viele Ausnahmen auf. Für Ausländer, die Norwegisch lernen, ist es schwierig zu hören, ob ein Wort mit dem Tonem 1 oder 2 ausgesprochen wird, aber in den (relativ wenigen) Fällen, in denen die Toneme bedeutungsunterscheidend sind, kann die Bedeutung des Wortes in der Regel dem Kontext entnommen werden.

Besonderheiten der Rechtschreibung

Stumme Konsonanten im Norwegischen 18

1. Im Gegensatz zum Deutschen werden im Norwegischen die Buchstaben <d> und <g> im Auslaut meistens nicht ausgesprochen:

nord [nʊr], kald [kɑl], blind [blɪn], land [lɑn], evig ["e:vɪ]	Nord [nɔʁ**t**], kalt [kal**t**], blind [blɪn**t**], Land [lan**t**], ewig ['e:vɪ**ç**]

In den Fällen, in denen die Buchstaben ausgesprochen werden, kennt das Norwegische keine Auslautverhärtung: *rad* [rɑ:**d**] (Reihe), *råd* [rɔ:**d**] (Mittel), *jag* [jɑ:**g**] (Jagen), *nag* [nɑ:**g**] (Groll).

2. Der Buchstabe <h> ist vor <j> und <v> stumm:

hjelm [jɛlm] (Helm), *hjerte* ["jæʈə] (Herz), *hjerne* ["jæ:ɳə] (Gehirn), *hval* [vɑ:l] (Wal), *hvem* [vɛm] (wer), *hvor* [vʊ:r] (wo)

3. Der Buchstabe <t> ist bei den Neutrumspartikeln stumm:

det landet [de: 'lɑn:ə] (dieses Land), *det flagget* [de: 'flɑg:ə] (diese Flagge)

4. Der Buchstabe <v> ist in einigen wenigen Wörtern stumm:

*hal***v** [hɑl] (halb), *sel***v** [sɛl] (selbst), *søl***v** [sœl] (Silber), *tol***v** [tɔl] (zwölf)

19 Doppelkonsonanten

1. Hauptregel

Als Hauptregel für die Verdopplung von Konsonanten gilt sowohl im Norwegischen als auch im Deutschen, dass ein Konsonant doppelt geschrieben wird, wenn er nach einem kurzen Vokal in einer betonten Silbe alleine steht:

mann [mɑn]	Mann [man]
ball [bɑl]	Ball [bal]
renne ["rɛn:ə]	rennen ['ʁɛnən]

2. <kk>im Norwegischen - <ck> im Deutschen

Auch der Buchstabe <k> wird im Norwegischen verdoppelt:

he**kk**, se**kk**, la**kk**	He**ck**, Sa**ck**, La**ck**

3. <m> im Auslaut

Im Norwegischen wird der Buchstabe <m> im Auslaut niemals verdoppelt:

svømme - svø**m**!	schwimmen - schwi**mm**!
komme - ko**m**!	kommen - ko**mm**!

20 Vereinfachung der Doppelkonsonanten

In einigen Fällen werden im Norwegischen die Doppelkonsonanten vereinfacht:

1. vor einer Flexionsendung, die mit einem Konsonanten beginnt:

trykke - *try**k**te* (drücken - drückte), *renne* - *re**n**te* (rennen - rannte), *vill* - *vi**l**t* (wild - wildes)

2. vor einigen Ableitungsendungen, die mit einem Konsonanten beginnen:

lett - *le**t**ne* (leicht - leichter werden), *sette* - *se**t**ning* (setzten - Satz), *brenne* - *bre**n**sel* (brennen - Brennmaterial), *troll* - *tro**l**sk* (Troll - zauberhaft)

3. in zusammengesetzten Flexionsformen:

sykkel - *sy**k**lene* (Fahrrad - die Fahrräder), *middel* - *mi**d**lene* (Mittel - die Mittel), *sikker* - *si**k**re* (sicher - sichere)

Kapitel 2 Substantive

Genus 21

Im Norwegischen unterscheidet man heute, ebenso wie im Deutschen, die drei grammatischen Geschlechter (Genera) Maskulinum (männnlich), Femininum (weiblich) und Neutrum (sächlich). Die Feminina können auch wie die Maskulina dekliniert werden:

M	en dag (ein Tag)	dagen (der Tag)	dager (Tage)	dagene (die Tage)
F	ei oder en avis (eine Zeitung)	avisa oder avisen (die Zeitung)	aviser (Zeitungen)	avisene (die Zeitungen)
N	et hus (ein Haus)	huset (das Haus)	hus (Häuser)	husene (die Häuser)

Verteilung der grammatischen Geschlechter

Bezüglich der Verteilung der grammatischen Geschlechter gibt es, wie auch im Deutschen, kaum Regeln. Es existieren sowohl Unterschiede als auch Übereinstimmungen hinsichtlich des grammatischen Geschlechts zwischen den beiden Sprachen. Nur für einige Gruppen der Substantive ist es möglich, Regeln für die Verteilung der Geschlechter aufzustellen.

Übereinstimmung zwischen grammatischem und natürlichem Geschlecht 22

In einigen Fällen besteht, teilweise mit dem Deutschen übereinstimmend, eine Entsprechung im grammatischen und natürlichem Geschlecht.

Maskulina		Feminina	
en mann	ein Mann	ei kvinne	eine Frau
en gutt	ein Junge	ei jente	ein Mädchen
en bror	ein Bruder	ei søster	eine Schwester
en far	ein Vater	ei mor	eine Mutter
en okse	ein Ochse	ei ku	eine Kuh
en hane	ein Hahn	ei høne	eine Henne

Endungen, an denen das grammatische Geschlecht einiger Substantive zu erkennen ist 23

In einigen Fällen kann man das grammatische Geschlecht an den Endungen erkennen:

1. Maskulina

Substantive auf *-dom, -else, -er, -esse, -het, -i, -ikk, -isme, -ist, -nad, -ning, -sjon, -ur*:

- en rikdom (Reichtum), en ungdom (Jugend), en barndom (Kindheit)
- en følelse (Gefühl), en forståelse (Verständnis), en overraskelse (Überraschung), en tilværelse (Dasein), aber: et spøkelse (Gespenst), et værelse (Zimmer)
- en arbeider (Arbeiter), en baker (Bäcker), en lærer (Lehrer), en hammer (Hammer), en tysker (Deutscher)
- en interesse (Interesse), en delikatesse (Delikatesse)
- en enhet (Einheit), en nyhet (Neuheit), en storhet (Größe), en kjærlighet (Liebe)
- en filosofi (Philosophie), en teori (Theorie), en verdi (Wert), en symfoni (Sinfonie)
- en teknikk (Technik), en lyrikk (Lyrik), en musikk (Musik)
- en nasjonalisme (Nationalismus), en realisme (Realismus)
- en sosialist (Sozialist), en rasjonalist (Rationalist), en nudist (Nudist)
- en søknad (Antrag), en bunad (Volkstracht)
- en bygning (Gebäude), en slektning (Verwandte(r)) (→ *-ing*)
- en pensjon (Pension), en nasjon (Nation), en stasjon (Bahnhof)
- en natur (Natur), en kultur (Kultur)

2. Feminina

Substantive auf *-ing* und *-inne*:

- ei/en bygging (Bauen), ei/en kjøring (Fahren)
- ei/en lærerinne (Lehrerin), ei/en malerinne (Malerin)

Die Endung *-inne* wird im Gegensatz zu der entsprechenden deutschen Endung *-in* nur in Verbindung mit einigen wenigen veralteten Substantiven verwendet. Im Norwegischen kann also nicht eine weibliche Bezeichnung durch die Endung *-inne* gebildet werden, vielmehr muss das Adjektiv *kvinnelig* verwendet werden: *en kvinnelig lege* (Ärztin), *en kvinnelig professor* (Professorin), usw.

3. Neutra

Substantive auf *-al, -ek, -eri, -em, -gram, -iv, -krati*:

- et kvartal (Quartal), aber: en festival (Festival)
- et diskotek (Diskothek), et bibliotek (Bibliothek)
- et fiskeri (Fischerei), et tyveri (Diebstahl), et bakeri (Bäckerei)
- et problem (Problem), et system (System), et fonem (Phonem)
- et kilogram (Kilogramm), et program (Programm), et telegram (Telegramm)
- et motiv (Motiv), et stativ (Stativ), et lokomotiv (Lokomotive)
- et demokrati (Demokratie), et byrokrati (Bürokratie)

Kasus

Die Substantive haben im Norwegischen nur zwei Kasus: die Grundform, die dem deutschen Nominativ, Akkusativ und Dativ entspricht, und den Genitiv.

Genitiv durch Anhängung von *-s* 24

1. Der Genitiv wird durch Anhängung von *-s* an die Nominativformen gebildet:

Grundform	jente	jenta	jenter	jentene
Genitiv	jentes	jentas	jenters	jentenes

2. Durch den Genitiv wird ein Besitzverhältnis oder eine Zugehörigkeit im weitesten Sinne ausgedrückt. Beachte, dass im Norwegischen der Genitiv immer voran steht und das nachfolgende Substantiv die unbestimmte Form aufweist, während dies im Deutschen nur in Verbindung mit Eigennamen der Fall ist:

Regjeringens forslag vakte en storm av protester*.*	Der Vorschlag der Regierung erregte einen Sturm von Protesten.
Annas bil er *ny og fin*.	Annas Auto ist *neu und schön*.

Anmerkung 1:
Die Genitivverwendung ist im Norwegischen sehr viel weniger gebräuchlich als im Deutschen. Das Norwegische kennt keinen

1. partitiven Genitiv

Noen av studentene var tilstede.	*Einige der Studenten* waren dabei.
Ole var *den yngste av de to søskene.*	Ole war *der jüngere der beiden Geschwister.*
Halvparten av innbyggerne var imot å bygge et nytt rådhus.	*Die Hälfte der Einwohner* war gegen den Bau eines neuen Rathauses.

2. prädikativen Genitiv

Du er *i svært godt humør* i dag.	Du bist heute *sehr guter Laune.*
Jeg er *av den faste overbevisning* at avgjørelsen er riktig.	Ich bin *der festen Überzeugung*, dass die Entscheidung richtig ist.

3. adverbialen Genitiv

En dag skjedde noe uventet.	*Eines Tages* geschah etwas Unerwartetes.
Det er *etter min mening* ikke riktig.	Das ist *meines Erachtens* nicht richtig.

4. Genitiv bei Adjektiven

Jeg er meg *ingen skyld* bevisst. Det er ikke *bryet* verd.	Ich bin mir *keiner Schuld* bewusst. Das ist nicht *der Mühe* wert.

5. Genitiv nach Präpositionen:

Det må ha skjedd *under oppholdet.* De bor langt *utenfor byen.*	*Während des Aufenthaltes* muss es passiert sein. Sie wohnen weit *außerhalb der Stadt.*

In einigen festen Wendungen sind jedoch Reste der alten Kasusflexion zu erkennen: *til fjells* (ins Gebirge), *til sjøs* (zur See), *til fots* (zu Fuß), *til bords* (zu Tisch), *til sengs* (ins Bett), *til havs* (zur See), *til værs* (in die Luft), *til lands* (zu Lande), u.a.

Anmerkung 2: In einigen Ausdrücken für Maße und Gewichte wird im Norwegischen der Genitiv gebraucht, während im Deutschen hier nicht mit dem Genitiv übersetzt werden kann: *ei ukes tid* (ca. eine Woche), *en times tid* (ungefähr eine Stunde), *fem mils vei* (eine Strecke von fünf Meilen), *fire kroners frimerke* (eine Briefmarke im Wert von vier Kronen), *en ti kilos sei* (ein zehn Kilo schwerer Seelachs).

25 Umschreibung mit Präpositionsausdruck

Normalerweise wird der Genitiv im Norwegischen durch einen Präpositionsausdruck ersetzt:

Annas bok → boka til Anna (Annas Buch)
husets farge → fargen på huset (die Farbe des Hauses)
Norges innbyggere → innbyggerne i Norge (Norwegens Einwohner)
skogens trær → trærne i skogen (die Bäume des Waldes)

Anmerkung 1: Der Genitiv kann auch durch das Pronomen *sin* ersetzt werden:
Atles bok → Atle si bok (*Atles Buch*)
Annas bil → Anna sin bil (*Annas Auto*)
regjeringens forslag → regjeringen sitt forslag (*der Vorschlag der Regierung*)
landets problemer → landet sine problemer (*die Probleme des Landes*)

Anmerkung 2: Einige Ausdrücke wie *verdens ende* (das Ende der Welt), *livets gang* (der Lauf des Lebens) kommen nur in der Genitivform vor.

Deklination der Substantive

Im Unterschied zum Deutschen wird im Norwegischen die bestimmte Form der Substantive durch Endungen gebildet (→ §33,2).

Maskulinum **26**

1. Hauptdeklination

Die meisten Maskulina werden nach dem folgenden Muster dekliniert:

unbestimmt Sg.	bestimmt Sg.	unbestimmt Pl.	bestimmt Pl.
	-en	*-er*	*-ene*
en båt ein Boot	båt*en* das Boot	båt*er* Boote	båt*ene* die Boote

2. Maskulina mit zusammengezogenen Deklinationsformen

Die Adjektive auf *-el* und einige auf *-er* haben im Plural eine zusammengezogene Form:

en regel (Regel)	regelen	reg*l*er	reg*l*ene
en sykkel (Fahrrad)	sykkelen	sy*kl*er	sy*kl*ene
en vaffel (Vaffel)	vaffelen	va*fler*	va*flene*
en finger (Finger)	fingeren	fin*gr*er	fin*gr*ene
en sommer (Sommer)	sommeren	so*mr*er	so*mr*ene
en vinter (Winter)	vinteren	vin*tr*er	vin*tr*ene

3. Maskulina, die ihren Stammvokal im Plural ändern

Einige Maskulina ändern zusätzlich zur Endung *-er/-ene* ihren Stammvokal im Plural (Umlaut):

en bonde (Bauer)	bonden	bønder	bøndene
en fot (Fuß)	foten	føtter	føttene
en hånd (Hand)	hånden	hender	hendene

4. Maskulina, die die Pluralendungen *-e* und *-ne* erhalten

Maskulina auf *-er*, die Personen bezeichnen, enden im Plural auf *-e* und *-ne*:

en baker (Bäcker)	bakeren	baker*e*	baker*ne*
en lærer (Lehrer)	læreren	lærer*e*	lærer*ne*
en murer (Maurer)	mureren	murer*e*	murer*ne*
en østerriker (Österreicher)	østerrikeren	østerriker*e*	østerriker*ne*
en italiener (Italiener)	italieneren	italiener*e*	italiener*ne*
en tysker (Deutscher)	tyskeren	tysker*e*	tysker*ne*

Zu dieser Gruppe gehören außerdem Substantive, die von Zahlwörtern abgeleitet sind, ebenso wie Werkzeuge und Apparate: *tier* (Zehner), *måler* (Messgerät), *viser* (Zeiger).

5. Maskulina, die keine Pluralendung der unbestimmten Form aufweisen

Keine Pluralendung in der unbestimmten Form weisen folgende Maskulina auf:

en ting (Ding)	tingen	ting	tingene
en feil (Fehler)	feilen	feil	feilene
en sko (Schuh)	skoen	sko	skoene

Hierzu gehören außerdem die Maßangaben wie *liter* (liter), *kilo* (Kilo), *fot* (Fuß als Längenmaß), *meter* (Meter), *mil* (Meile), die Währungen *dollar* (Dollar), *pund* (Pfund), *franc* (Franken), *lire* (Lire), *mark* (Mark), *skilling* (Schilling) und *øre* (Öre), die Tierbezeichnungen *mygg* (Mücke) und *maur* (Ameise), die Fische *laks* (Lachs) und *torsk* (Kabeljau) sowie *løk* (Zwiebel).

6. Maskulina, die unregelmäßig dekliniert werden

Einige maskuline Verwandschaftsbezeichnungen werden unregelmäßig dekliniert:

en far (Vater)	faren	fedre	fedrene
en bror (Bruder)	broren	brødre	brødrene
en mann (Mann)	mannen	menn	mennene

27 Femininum

1. Hauptdeklination

Die meisten Feminina werden nach dem folgenden Muster dekliniert:

unbestimmt Sg.	bestimmt Sg.	unbestimmt Pl.	bestimmt Pl.
	-a/-en	*-er*	*-ene*
ei/en dør eine Tür	dør*a/-en* die Tür	dør*er* Türen	dør*ene* die Türen

2. Feminina mit zusammengezogenen Deklinationsformen

Die femininen Substantive auf *-el*, *-er* und *-en* haben in der bestimmten Form im Singular und in den beiden Pluralformen eine zusammengezogene Form:

ei aksel (Schulter)	ak*sl*a	ak*sl*er	ak*sl*ene
ei skulder (Schulter)	skul*dr*a	skul*dr*er	skul*dr*ene

3. Feminina, die ihren Stammvokal im Plural ändern

Einige feminine Substantive haben, ebenso wie meistens im Deutschen, zusätzlich Umlaut:

ei and (Ente)	anda	*e*nder	*e*ndene
ei hand (Hand)	handa	h*e*nder	h*e*ndene
ei kraft (Kraft)	krafta	kr*e*fter	kr*e*ftene
ei natt (Nacht)	natta	n*e*tter	n*e*ttene
ei tann (Zahn)	tanna	t*e*nner	t*e*nnene
ei bok (Buch)	boka	b*ø*ker	b*ø*kene
ei strand (Strand)	stranda	str*e*nder	str*e*ndene
ei rot (Wurzel)	rota	r*ø*tter	r*ø*ttene

Zusätzlich zum Umlaut bilden einige einsilbige Feminina, die auf einem langen Vokal enden, den Plural auf *-r/-rne*:

ei tå (Zeh)	tåa	*tær*	*tærne*
ei klo (Kralle)	kloa	kl*ør*	kl*ørne*

Anmerkung: Einige vergleichbare Substantive haben im Norwegischen keinen Vokalwechsel im Plural: *øks - økser* (Axt - Äxte), *benk - benker* (Bank - Bänke), *frukt - frukter* (Frucht - Früchte), *snor - snorer* (Schnur - Schnüre) u.a.

4. Feminina, die keine Pluralendung der unbestimmten Form aufweisen

Keine Pluralendung in der unbestimmten Form weisen die folgenden Feminina auf:

ei mus (Maus)	musa	mus	musene
ei lus (Laus)	lusa	lus	lusene
ei sild (Hering)	silda	sild	sildene
ei ski (Ski)[1]	skia	ski	skiene

5. Feminina, die unregelmäßig dekliniert werden

Einige feminine Verwandschaftsbezeichnungen weisen eine unregelmäßige Deklination auf:

ei mor (Mutter)	mora	mødre	mødrene
ei datter (Tochter)	dattera	døtre(r)	døtrene
ei søster (Schwester)	søstera	søstre(r)	søstrene

Neutrum 28

1. Neutra, die keine Endung in der unbestimmten Form Plural erhalten

Die meisten Neutra sind einsilbig und erhalten in der unbestimmten Form Plural keine Endung:

[1] *En ski – skien – ski - skiene* ist auch möglich.

unbestimmt Sg.	bestimmt Sg.	unbestimmt Pl.	bestimmt Pl.
	-et	--	*-ene*
et glass ein Glas	glass*et* das Glas	glass Gläser	glass*ene* die Gläser

Nach diesem Muster werden neben den einsilbigen Neutra auch zahlreiche mehrsilbige Neutra wie *eventyr* (Abenteuer), *unntak* (Ausnahme), *besøk* (Besuch), *spørsmål* (Frage) und *forhold* (Verhältnis) dekliniert:

2. Neutra, die in der bestimmten Pluralform zusammengezogen werden

Neutra, die auf *-er* und *-el* enden, werden in der bestimmten Pluralform zusammengezogen:

et filter (Filter)	filteret	filter	fi*ltr*ene
et eksempel (Beispiel)	eksempelet	eksempel	eksemp*lene*

Anmerkung: Zusammengezogene Formen sind auch in der best. Singularform und der unbest. Pluralform möglich: *filtret - filtre, eksemplet - eksempler.*

3. Neutra, die die Endung *-er* in der unbestimmten Pluralform erhalten

Die meisten mehrsilbigen Neutra erhalten in der unbestimmten Pluralform die Endung *-(e)r*:

unbestimmt Sg.	bestimmt Sg.	unbestimmt Pl.	bestimmt Pl.
	-(e)t	*-(e)r*	*-(e)ne*
et vindu ein Fenster	vindu*et* das Fenster	vindu*er* Fenster	vindu*ene* die Fenster
et eple ein Apfel	eple*t* der Apfel	eple*r* Äpfel	eple*ne* die Äpfel

4. Neutra, die ihren Stammvokal im Plural ändern

Zusätzlich zum Umlaut bilden einige wenige Neutra den Plural auf *-r/-rne*:

et kne (Knie)	kneet	kn*ær*	kn*ærne*
et håndkle (Handtuch)	håndkleet	håndkl*ær*	håndkl*ærne*
et tre (Baum)	treet	tr*ær*	tr*ærne*

5. Neutra, die die Endung *-a* in der bestimmten Pluralform erhalten

Bei zwei Neutrumswörtern ist die Pluralendung *-a*, die in der bestimmten Form sonst wahlfrei ist, obligatorisch:

et barn (Kind)	barnet	barn	barn*a*
et bein (Bein)	beinet	bein	bein*a*

Numerus 29

1. Substantive, die nur den Singular bilden

Sowohl im Norwegischen als auch im Deutschen bilden einige Substantive nur den Singular: gull (Gold), sølv (Silber), mel (Mehl), sukker (Zucker), vann (Wasser), jern (Eisen), regn (Regen), jord (Erde), død (Tod), godhet (Güte), lykke (Glück), mot (Mut), sult (Hunger), sunnhet (Gesundheit), mat (Essen), drikke (Trinken), frukt (Obst).

2. Substantive, die nur den Plural bilden

Sowohl im Norwegischen als auch im Deutschen bilden einige Substantive nur den Plural: foreldre (Eltern), forfedre (Vorväter), søsken (Geschwister), kopper (Pocken), meslinger (Masern).

3. Plural im Norwegischen - Singular im Deutschen

Bei folgenden Wörtern wird im Norwegischen der Plural, im Deutschen dagegen der Singular verwendet: penger (Geld), briller (Brille), grønnsaker (Gemüse), klær (Kleidung).

Jeg kan ikke finne *brillene* mine. *Grønnsakene* på torget er de beste.	Ich kann meine *Brille* nicht finden. *Das Gemüse* vom Markt schmeckt am besten.

Die Struktur der Nominalgruppe 30

1. Substantive können als Satzglied allein stehen oder sich mit anderen Wortarten, Präpositionsausdrücken und Nebensätzen zu Nominalgruppen verbinden.

2. Vor dem Substantiv kann in beiden Sprachen stehen:

- Artikel: *ei* veske (*eine* Tasche), *et* skuespill (*ein* Schauspiel)
- Adjektiv: *røde* roser (*rote* Rosen), *god* vin (*guter* Wein)
- Pronomen: *noen* hester (*einige* Pferde), *dette* forslaget (*dieser* Vorschlag)
- Zahlwort: *fem* kroner (*fünf* Kronen), *andre* mai (*zweiter* Mai)

3. Im Norwegischen steht im Gegensatz zum Deutschen der possessive Genitiv vor dem Substantiv (→ §24,2): *sjefens* komputer (der Computer *des Chefs*), *ordførerens* forslag (der Vorschlag *des Bürgermeisters*).

4. Nach dem Substantiv kann in beiden Sprachen stehen:

• Präpositionsausdruck: rom *med bad* (Zimmer *mit Bad*), elever *på skolen* (Schüler *in der Schule*)

• Nebensatz: menn, *som ikke kan oppføre seg* (Männer, *die sich nicht benehmen können*), det faktum *at oppgaven var for vanskelig* (die Tatsache, *dass die Aufgabe zu schwierig war*)

• Nominalgruppe: Petter, *sønnen til naboen* (Petter, *der Sohn des Nachbarn*), innbruddstyven, *en syttenårig oslogutt* (der Einbrecher, *ein siebzehnjähriger Junge aus Oslo*)

5. Im Norwegischen steht im Gegensatz zum Deutschen meistens das Possessivpronomen nach dem Substantiv (→ §79, §80): sykdomshistoriene *hans* (*seine* Krankheitsgeschichten), paraplyen *hennes* (*ihr* Regenschirm).

31 Komplexe Nominalgruppen

1. Die Substantive können in beiden Sprachen sowohl vor als auch hinter dem Hauptwort durch mehrere Attribute zu komplexen Nominalgruppen ausgebaut werden:

varene → *alle disse nesten utrolig billige* varene *fra supermarkedet på hjørnet*	*alle diese fast unglaublich billigen* Waren *aus dem Supermarkt an der Ecke*
delen → *den langt største* delen *av de økonomiske byrdene som er forbundet med den tyske gjenforeningen*	*den weitaus größten* Teil *der mit der deutschen Einheit verbundenen Finanzierungslasten*

2. Bei komplexen Nominalgruppen werden im Norwegischen viel häufiger als im Deutschen die Attribute oder ein Teil der Attribute, die oft in Form eines Relativsatzes oder eines Präpositionsausdrucks auftreten, dem substantivischen Hauptwort nachgestellt:

problemene, *som ennå foreligger*	*die noch vorhandenen* Probleme
et fremtidsrettet Europa *som er sterkt og handlekraftig*	*ein kraftvolles, leistungfähiges und der Zukunft zugewandtes* Europa
det planlagte opplegget *for en felles uten- og sikkerhetspolitikk*	*das für die gemeinsame Außen- und Sicherheitspolitik vorgesehene* Verfahren

Die Funktionen der Nominalgruppe 32

Wie im Deutschen können die norwegischen Nominalgruppen als selbstständige Satzglieder im Satz erscheinen:

1. Subjekt (→ §196): *Broren min* skal studere medisin. (*Mein Bruder* wird Medizin studieren.)

2. direktes Objekt (→ §204): Atle kjøpte *ei helt moderne jakke*. (Atle hat *eine ganz moderne Jacke* gekauft.)

3. indirektes Objekt (→ §206): Anmelderen gav *den nye romanen til Jostein Gaarder* en svært god omtale. (Der Rezensent hat *dem neuen Roman von Jostein Gaarder* eine sehr gute Kritik erteilt.)

4. Prädikativ (→ §211): Dette er uten tvil *den flotteste gaven jeg noengang har fått*. (Das hier ist zweifellos *das schönste Geschenk, das ich jemals bekommen habe*.)

5. Adverbial (→ §214): *Hver dag i ferien* hadde vi sol. (*Jeden Tag in den Ferien* hatten wir Sonne.)

Kapitel 3 Artikel

33 Formen der Artikel

Im Norwegischen unterscheidet man zwischen drei Artikeln, dem unbestimmten Artikel, dem bestimmten Artikel des Substantivs und dem bestimmten Artikel des Adjektivs. Die Artikel werden nach Genus und Numerus dekliniert, zeigen aber im Gegensatz zum Deutschen keine Kasusdeklination.

1. Der unbestimmte Artikel (*en*, *ei*, *et*)

Der unbestimmte Artikel steht wie im Deutschen vor dem Substantiv:

Maskulinum	*en* gutt	*ein* Junge
Femininum	*ei* tante	*eine* Tante
Neutrum	*et* hus	*ein* Haus

2. Der bestimmte Artikel des Substantivs (*-en*, *-a*, *-et*, *-ene*)

Im Gegensatz zum Deutschen ist der bestimmte Artikel des Substantivs kein eigenes Wort, sondern eine angehängte Flexionsendung[2]:

Maskulinum	gutt*en*	*der* Junge
Femininum	tant*a*	*die* Tante
Neutrum	hus*et*	*das* Haus
Plural	gutt*ene*/jent*ene*/hus*ene*	*die* Jungen/Tanten/Häuser

Anmerkung: Im Neutrum Plural können die Substantive die wahlfreie Form *-a* (hus*a*) erhalten. Diese Form findet in der Schriftsprache aber nur wenig Verwendung (→ §28,5)).

3. Der bestimmte Artikel des Adjektivs (*den, det*, *de*)

In Verbindung mit einem Adjektiv wird der bestimmte Artikel des Adjektivs verwendet. Ebenso wie im Deutschen ist der bestimmte Artikel ein eigenes Wort und steht vor dem Adjektiv. Beachte, dass das nachfolgende Substantiv den bestimmten Artikel des Substantivs behält (→ §37,1):

M	*den* store gutt*en*	*der* große Junge
F	*den* store tant*a*	*die* große Tante
N	*det* store hus*et*	*das* große Haus
Pl	*de* store gutt*ene*/tant*ene*/hus*ene*	*die* großen Jungen/Tanten/Häuser

[2] In der norwegischen Grammatiktradition ist es üblich, das Flexionssuffix unter dem Artikel abzuhandeln, obwohl es kein eigenes Wort ist.

Anmerkung: Der bestimmte Artikel des Adjektivs hat dieselbe Form wie das Demonstrativpronomen *den* (→ §81). Ist *den* ein Demonstrativpronomen, hat es, in Übereinstimmung mit *der* im Deutschen, hervorhebende Funktion und wird betont. Das Demonstrativpronomen *den* ist nicht an Adjektive gebunden, sondern kann direkt vor dem Substantiv stehen: Jeg mener *den* båten der borte (Ich meine *das* Boot da drüben).

Gebrauch der Artikel

Der unbestimmte Artikel 34

Sowohl im Norwegischen als auch im Deutschen wird der unbestimmte Artikel verwendet:

• um etwas Unbekanntes oder früher nicht Genanntes zu nennen:

Jeg hadde den gang *ei* hytte. Se, der flyr *en* fugl.	Ich hatte damals *eine* Hütte. Guck mal, da fliegt *ein* Vogel.

• um etwas bereits Erwähntes näher zu beschreiben oder zu klassifizieren:

Hun er *en* flink lærer. Det er *ei* svane.	Sie ist *eine* tüchtige Lehrerin. Das ist *ein* Schwan.

• um auszudrücken, dass das Substantiv einer ganzen Klasse oder Gattung angehört (in Konkurrenz mit dem bestimmten Artikel → §36,2):

En ulv er mindre enn *en* bjørn.	*Ein* Wolf ist kleiner als *ein* Bär.

Auslassung des unbestimmten Artikels 35

1. Artikelloses Substantiv in beiden Sprachen

Weder im Norwegischen noch im Deutschen wird beim Substantiv, das als Prädikativ verwendet wird und einen Beruf, eine Nationalität oder eine Religion bezeichnet, der unbestimmte Artikel gebraucht:

Hun er *lege.* Han er *nordmann.* Ola er *muslim.*	Sie ist *Ärztin.* Er ist *Norweger.* Ola ist *Moslem.*

2. Kein Artikel im Norwegischen - unbestimmter Artikel im Deutschen

• Bei Konstruktionen mit dem Hilfsverb *ha* fällt der unbestimmte Artikel im Norwegischen oft fort, während er im Deutschen stehen muss:

Han har *stor nese.* Jeg har *god samvittighet.*	Er hat *eine große Nase.* Ich habe *ein gutes Gewissen.*

• Bei Anschaffung von Gegenständen, von denen man normalerweise nur ein Exemplar besitzt, wird der Artikel im Norwegischen oft ausgelassen:

Hans og Grete har bygd *nytt hus.*	Hans und Grete haben *ein neues Haus* gebaut.
Vi måtte kjøpe *ny bil* fordi den gamle gikk i stykker.	Wir mussten *ein neues Auto* kaufen, weil das alte kaputt war.

• Auch in einigen mehr oder weniger festen Ausdrücken fehlt in der Regel im Norwegischen der unbestimmte Artikel:

Turid *venter barn* i november.	Turid *erwartet* im November *ein Kind.*
Petter *skriver brev.*	Petter *schreibt einen Brief.*
Hvorfor bærer du armen *i bind*?	Warum trägst du den Arm *in einer Binde*?

36 Der bestimmte Artikel

1. Bekanntes oder Abgegrenztes

Sowohl im Norwegischen als auch im Deutschen wird der bestimmte Artikel des Substantivs verwendet, um auszudrücken, dass es sich um etwas Bekanntes oder Abgegrenztes handelt, weil es

• bereits genannt wurde:

Oslo har ei stor havn. Havn*a* ligger i sentrum.	Oslo hat einen großen Hafen. *Der* Hafen liegt im Zentrum.

• stillschweigend vorausgesetzt wird oder aus dem Zusammenhang heraus zu erkennen ist:

Han gikk til tannleg*en.*	Er ging zu*m* Zahnarzt.
Tak*et* på huset måtte repareres.	*Das* Hausdach musste repariert werden.

• durch einen erklärenden Zusatz abgegrenzt ist:

Hovedstad*en* i Italia heter Roma.	*Die* Hauptstadt von Italien heißt Rom.
Uk*a* før hun dro, var svært hektisk.	*Die* Woche, bevor sie wegfuhr, war sehr hektisch.

• das einzige seiner Art ist:

Plutselig var sol*a* der.	Auf einmal war *die* Sonne da.

2. Klasse oder Gattung

Der bestimmte Artikel wird in beiden Sprachen auch verallgemeinernd verwendet, um auszudrücken, dass das Substantiv einer ganzen Klasse oder Gattung angehört:

Ulv*en* er mindre enn bjørn*en*.	*Der* Wolf ist kleiner als *der* Bär.

3. Kein Artikel im Norwegischen - bestimmter Artikel im Deutschen

• Eigennamen stehen in der Regel ohne Artikel im Norwegischen, während sie im Deutschen oft mit Artikel stehen:

Thomas kom akkurat forbi. *Sveits* er et vakkert land.	*Der Thomas* kam gerade vorbei. *Die Schweiz* ist ein schönes Land.

Anmerkung 1: Bei einzelnen Eigennamen ist der Artikel zum festen Teil des Namens geworden: Gudbrandsdal*en*, Folgefonn*a*, Hallingskarv*et*, usw.

Anmerkung 2: Der bestimmte Artikel des Adjektivs kann in Verbindung mit Eigennamen vorkommen: *den* smarte Thomas, *det* moderne Sveits.

• Die Monatsnamen und (in der Regel auch) Wochentage werden im Norwegischen ohne Artikel verwendet, im Deutschen stehen sie dagegen oft mit dem Artikel:

April var svært mild i år. *Fredag* skal vi på kino.	*Der April* war in diesem Jahr sehr mild. *Am Freitag* wollen wir ins Kino.

• Krankheitsbezeichnungen stehen im Norwegischen normalerweise ohne Artikel:

Kari har fått *meslinger*.	Kari hat *die Masern* bekommen.

• Häufiger als im Deutschen steht das norwegische Substantiv ohne Artikel, wenn eine nähere Bestimmung folgt:

Eva er *datter* av en prest. Jeg har ikke *mot* til å si henne sannheten. Under *forutsetning* av at du klarer eksamen, skal du få bli med til Frankrike.	Eva ist *die Tochter* eines Pfarrers. Ich habe nicht *den Mut*, ihr die Wahrheit zu sagen. Unter *der Bedingung*, dass du die Prüfung schaffst, darfst du mit nach Frankreich.

• In einzelnen mehr oder weniger festen Ausdrücken fehlt oft der Artikel im Norwegischen:

Geir reiser *med bil/ buss/ tog* (usw.). Skal vi gå *på kino/ på konsert/ i teater*?	Geir fährt *mit dem Auto/ dem Buss/ dem Zug*. Gehen wir *ins Kino/ ins Konzert/ ins Theater*?

• Beachte, dass im Norwegischen in Genitivkonstruktionen das Hauptverb ohne Artikel steht, während es in entsprechenden Präpositionsausdrücken mit Artikel steht:

Regjeringens vedtak/Vedtak*et* til regjeringen vakte store protester.	Der Regierungsbeschluss erweckte große Proteste.

4. Bestimmter Artikel im Norwegischen - kein Artikel im Deutschen

• Nach dem Pronomen *alle* (→ §97) steht das Substantiv im Norwegischen in der bestimmten Form, wenn es individualisierende Funktion hat:

Alle guttene i klassen måtte sitte igjen.	*Alle Jungen* aus der Klasse müssen nachsitzen.

Bei generalisierender Funktion dagegen steht das Substantiv in der unbestimmten Form:

Alle gutter kommer i stemmeskiftet.	*Alle Jungen* kommen in den Stimmbruch.

• In einem Substantivausdruck mit nachgestelltem Possessivpronomen (→§79) steht im Norwegischen die bestimmte Form:

Sykkelen min er på verksted. *Onkelen min* er på besøk.	*Mein Fahrrad* ist in der Werkstatt. *Mein Onkel* ist zu Besuch.

Oft wird das Possessivpronomen nicht ausdrücklich genannt:

Han hengte opp *frakken*. Han kjørte med *bilen*.	Er hängte *seinen Mantel* auf. Er fuhr mit *seinem Auto*.

Beachte, dass das Substantiv, ebenso wie im Deutschen, in der unbestimmten Form steht, wenn das Possessivpronomen dem Substantiv vorangestellt ist:

Det er *min sykkel*. *Min onkel* er på besøk.	Es ist *mein Fahrrad*. *Mein Onkel* ist zu Besuch.

• In einigen festen Wendungen wird im Norwegischen die bestimmte Form verwendet, im Deutschen dagegen steht kein Artikel:

Det var lett *fra begynnelsen av.* Det var *i virkeligheten* et håpløst prosjekt. Han måtte *trekke pusten.*	*Von Anfang an* war es einfach. *In Wahrheit* war es ein hoffnungsloses Projekt. Er musste *Luft holen.*

Bestimmtheit beim Adjektiv + Substantiv-Konstruktionen 37

1. Doppelte Bestimmung

Ein Substantiv, das ein Adjektiv und den bestimmten Adjektivartikel an sich gebunden hat, steht normalerweise in der bestimmten Form. Man sagt, dass es doppelt bestimmt oder überbestimmt ist:

Den gamle mann*en* satt alene. *Den* strålende sol*a* stod høyt på himmelen. Dette er *det* beste forslag*et.*	*Der* alte Mann saß allein. *Die* strahlende Sonne stand hoch am Himmel. Das ist *der* beste Vorschlag.

2. Einfache Bestimmung

Wenn das Substantiv einfach bestimmt ist, also ohne den bestimmten Artikel des Substantivs steht (*den gamle mann/den strålende sol/det beste forslag*), wird das gewöhnlich als veraltet, feierlich oder steif angesehen.

Einige Ausnahmen:

Einfache Bestimmung wird dennoch verwendet:

- in einigen Eigennamen:

Presidenten i *De forente stater* bor i *Det hvite hus.* Tror du på *Den hellige ånd*?	Der Präsident *der Vereinigten Staaten* wohnt *im Weißen Haus.* Glaubst du an *den Heiligen Geist*?

- beim absoluten Superlativ:

De varmeste ønsker sendes deg fra oss. Han hadde *det flotteste hus* du kan tenke deg.	Wir senden dir *die herzlichsten Wünsche.* Er hatte *das tollste Haus*, das du dir denken kannst.

- in einigen festen Wendungen:

Før måtte man streve for *det daglige brød.* Hvem tilhører egentlig *det svake kjønn?*	Früher musste man für *das tägliche Brot* hart arbeiten. Wer zählt eigentlich *zum schwachen Geschlecht*?

3. Wegfall des bestimmten Adjektivartikels

• Bei Adjektiven, die Gegensätze ausdrücken (*høyre - venstre, første - siste, eldste - yngste,* usw.) und bei Ordnungszahlen wird der bestimmte Artikel des Adjektivs oft weggelassen:

Det er *første gangen* i dag. På *høyre siden* av veien.	Das ist heute *das erste Mal.* Auf *der rechten Seite* der Straße.

Häufig kann auch der bestimmte Substantivartikel ausgelassen werden: *første gang, høyre side*, usw.

• In einigen festen Wendungen, in denen das Adjektiv eine naturgegebene Eigenschaft des Substantivs bezeichnet, fällt der bestimmte Adjektivartikel weg:

Det var midt *på lyse dagen.* De var ute *på åpne havet.*	Es war mitten *am helllichten Tag.* Es war draußen *auf dem offenen Meer.*

Kapitel 4 Adjektive

Deklination

Hauptdeklination 38

Die allermeisten Adjektive weisen im Norwegischen nur drei verschiedene Formen auf:

1) Das Maskulinum und das Femininum der unbestimmten Form Singular haben keine Endung.
2) Das Neutrum der unbestimmten Form Singular erhält ein *-t*.
3) Adjektive der bestimmten Form Singular und der unbestimmten und bestimmten Form Plural erhalten ein *-e*.

	unbestimmt Sg.	bestimmt Sg.	unbestimmt Pl.	bestimmt Pl.
M	fin			
F	fin	fine	fine	fine
N	fint			

Ausnahmen von der Hauptdeklination

Adjektive, die im Neutrum ein Doppel-*t* erhalten 39

Adjektive, die auf einem betonten Vokal enden, erhalten im Neutrum ein Doppel-*t*:

De har *ny* bil, og de bor i et *nytt* hus.	Sie haben ein *neues* Auto, und sie wohnen in einem *neuen* Haus.
Vi er glad for at vi lever i et *fritt* land.	Wir sind froh, dass wir in einem *freien* Land leben .

Adjektive, die im Neutrum kein *-t* erhalten 40

Einige Adjektive erhalten im Neutrum der unbestimmten Form Singular kein *-t*. Hierzu gehören folgende Guppen von Adjektiven:

1. Adjektive auf *-(l)ig*:

Det viste seg å være et *lykkelig* valg.	Es zeigte sich, dass es eine *glückliche* Wahl war.
Han sendte henne et *vennlig* smil.	Er lächelte ihr *freundlich* zu.
Barnet hadde et *artig* ansikt.	Das Kind hatte ein *lustiges* Gesicht.

2. Adjektive auf -*sk*

Hierzu gehören:

- Adjektive auf -*sk*, die eine Nationalität oder Sprache bezeichnen:

Det hang både et *tysk*, et *norsk* og et *engelsk* flagg foran bygningen.	Es hingen sowohl eine *deutsche*, eine *norwegische* als auch eine *englische* Fahne vor dem Gebäude.

- Adjektive auf -*sk*, die mehrsilbig sind:

Det er et *økonomisk* spørsmål. Hotellet har et *fantastisk* svømmebasseng.	Das ist eine Geldfrage. Das Hotel hat ein *tolles* Schwimmbecken.

- einige Adjektive, die auf Konsonant + -*sk* enden:

Han hadde et *spotsk* ansiktsuttrykk. Opposisjonen kom med et *hatsk* utfall mot den nye skattereformen.	Er hatte einen *spöttischen* Gesichtsausdruck. Die Opposition griff die neue Steuerreform *wütend* an.

Anmerkung:
Ausnahmen sind z.B. *falsk* (falsch), *fersk* (frisch), *frisk* (frisch/gesund), *rask* (schnell), die alle im Neutrum auf -*t* enden:

Du har fått et *falskt* inntrykk av meg. Dette rundstykket er helt *ferskt*.	Du hast einen *falschen* Eindruck von mir bekommen. Dieses Brötchen ist ganz *frisch*.

3. Adjektive auf -*t*

Einige Adjektive auf -*t* erhalten kein zusätzliches -*t* im Neutrum. Hierzu gehören u.a. Fremdwörter, Superlative und Partizipien wie *sort/svart* (schwarz), *kort* (kurz), *interessant* (interessant), *flott* (toll), *skrevet* (geschrieben), *størst* (am größten), *fast* (fest):

Hun hadde på seg et *flott*, *sort* skjørt. Studenten holdt et *kort*, men *interessant* innlegg i diskusjonen.	Sie hatte einen *tollen*, *schwarzen* Rock an. Der Student hielt einen *kurzen*, aber *interessanten* Diskussionsbeitrag.

Es gibt aber auch zahlreiche auf -*t* endende Adjektive, die im Neutrum ein zusätzliches Endungs-*t* erhalten: *hvit* - *hvitt* (weiß), *søt* - *søtt* (süß), uvm.

4. einige Adjektive auf *-d*

Dieses ist eine sehr kleine Gruppe von Adjektiven:

Den ukjente gjorde et *fremmed*, men likevel *solid* inntrykk på dem. Maken til *stupid* og *absurd* forslag har jeg ikke hørt på lenge.	Der Unbekannte machte auf sie einen *fremden*, aber dennoch *soliden* Eindruck. Solch einen *stupiden* und *absurden* Vorschlag habe ich schon lange nicht mehr gehört.

Die meisten anderen Adjektive auf *-d* wie *rød* (rot), *bred* (breit) erhalten im Neutrum ein *-t*:

Hun ønsket seg et *rødt* skjerf til jul.	Sie hat sich zu Weihnachten einen *roten* Schal gewünscht.

Adjektive, die im Plural kein *-e* erhalten 41

Die Adjektive *blå* (blau) und *grå* (grau) bekommen im Neutrum ein Doppel-*t*, ansonsten fällt normalerweise das Endungs-*e* weg:

Hva synes du er penest, *blå* eller *grå* øyne?	Was findest du schöner, *blaue* oder *graue* Augen?

Adjektive, die nicht dekliniert werden 42

Einige Adjektive werden nicht dekliniert:

1. Adjektive auf *-e*

Hierzu gehören *moderne* (modern), *levende* (lebend, lebendig), *sovende* (schlafend), u.a.:

Vi bor i en *moderne* leilighet. Det satt et *sovende* barn i trappe-oppgangen.	Wir wohnen in einer *modernen* Wohnung. Ein *schlafendes* Kind saß im Treppenhaus.

2. Adjektive auf *-s*

Hierzu gehören *stakkars* (arm, bedauernswert), *avleggs* (veraltet), *gratis* (gratis), *delvis* (teilweise), u.a.:

Kjenner du den *stakkars* norsk-læreren vår?	Kennst du unseren *armen* Norwegischlehrer?

3. Adjektive, die auf einem betonten Vokal enden

Hierzu gehören *bra* (gut), *tro* (treu), *sky* (scheu), *sjalu* (eifersüchtig), *sta* (stur), *ru* (rauh), *kry* (keck, stolz), *slu* (schlau), u.a.:

Dette er et *bra* forslag. Hun er et svært *sjalu* menneske.	Das ist ein *guter* Vorschlag. Sie ist ein sehr *eifersüchtiger* Mensch.

Dieser Gruppe gehören außerdem die Adjektive *lilla* (lila) und *edru* (nüchtern) an:

Det var ikke et eneste *edru* menneske på ferga.	Auf der Fähre war kein einziger *nüchterner* Mensch zu sehen.

43 Das Adjektiv *liten* (klein)

	unbestimmt Sg.	bestimmt Sg.	unbestimmt Pl.	bestimmt Pl.
M	liten			
F	lita	lille	små	små
N	lite			

Jeg vil gjerne ha et *lite* stykke ost. Er det *lille* stykket der stort nok? Jeg tar de to *små* stykkene der.	Ich möchte gern ein *kleines* Stück Käse. Ist das *kleine* Stück dort groß genug? Ich nehme die zwei *kleinen* Stücke dort.

Anmerkung:
Beachte den Unterschied zwischen dem Adjektiv *liten* (klein) und den Adverbien *lite* (wenig) und *litt* (etwas, ein wenig):

Hun er bare ei *lita* jente ennå. Jeg snakker *lite* norsk. Jeg snakker *litt* norsk.	Sie ist immer noch ein *kleines* Mädchen. Ich spreche *wenig/fast kein* Norwegisch. Ich spreche *ein wenig/etwas* Norwegisch.

44 Das Adjektiv *annen* (ander/e)

	unbestimmt Sg.	bestimmt Sg.	unbestimmt Pl.	bestimmt Pl.
M	annen			
F	annen	andre	andre	andre
N	annet			

Har du et *annet* eksempel? De *andre* synes jeg ikke er gode nok.	Hast du ein *anderes* Beispiel? Die *anderen* finde ich nicht gut genug.

Anmerkung:
Der deutsche Ausdruck *auf der anderen Seite* wird im Norwegischen, je nach Bedeutung, auf zwei Weisen wiedergegeben:

a) *På den annen side* (abstrakte Bedeutung):

På den annen side kan det godt være at du har rett.	*Auf der anderen Seite/andererseits* ist es gut möglich, dass du Recht hast.

b) *På den andre siden* (konkrete Bedeutung):

På den andre siden av gata ligger det et stort varehus.	*Auf der anderen Seite* der Straße befindet sich ein großes Kaufhaus.

Das Adjektiv *egen* (eigen) 45

	unbestimmt Sg.	bestimmt Sg.	unbestimmt Pl.	bestimmt Pl.
M	egen			
F	egen	egne	egne	egne
N	eget			

Det er min *egen* oppskrift. Jeg så det med mine *egne* øyne.	Es ist mein *eigenes* Rezept. Ich habe es mit meinen *eigenen* Augen gesehen.

Anmerkung: Beachte, dass *egen* als einziges Adjektiv nach dem Possessivpronomen in der unbestimmten Form steht.

Deklination im Norwegischen - keine Deklination im Deutschen 46

1. Das prädikative Adjektiv (→ §212,2) richtet sich im Norwegischen ebenso wie das attributive Adjektiv nach dem zugehörigen Substantiv; im Deutschen dagegen wird es nicht flektiert:

Himmelen er *blå*. Hytta er *dyr*. Slottet er *gammelt*. Fjellene er *høye*.	Der Himmel ist *blau*. Die Hütte ist *teuer*. Das Schloss ist *alt*. Die Berge sind *hoch*.

Anmerkung: Beschreibt das Adjektiv zwei oder mehrere Substantive, richtet es sich nach Genus und Numerus des letztgenannten Substantivs, oder es wird die Pluralform verwendet:

Avisa og ukebladet er *nytt*. Ukebladet og avisa er *ny*. Avisa og ukebladet er *nye*.	Die Zeitung und die Illustrierte sind *neu*. Die Illustrierte und die Zeitung sind *neu*. Die Zeitung und die Illustrierte sind *neu*.

2. Steht das Adjektivattribut nach dem Substantiv, wird es im Norwegischen, nicht aber im Deutschen dekliniert:

De hadde tre døtre, *vakre* som filmstjerner. De bodde på et slott, *stort* som i eventyret.	Sie hatten drei Töchter, *hübsch* wie Filmstars. Sie wohnten in einem Schloss, *groß* wie in einem Märchen.

Komparation

47 Komparation mit Endungen

1. Die Endungen *-ere* im Komparativ und *-est* im Superlativ

• Ebenso wie im Deutschen werden die meisten Adjektive im Norwegischen durch Anhängung einer Endung an die Grundform (Positiv) gesteigert. Die normalen Endungen sind *-ere* im Komparativ und *-est* im Superlativ:

Positiv	Komparativ	Superlativ
fin (schön) pen (hübsch) grønn (grün)	finere (schöner) penere grønnere	finest (schönste/am schönsten) penest grønnest

• Adjektive auf *-er, -el* und *-en* weisen im Norwegischen im Komparativ und Superlativ eine zusammengezogene Form auf (Ausfall des *-e* im Stamm):

tapper (tapfer) enkel (einfach) doven (faul)	taprere[3] enklere dovnere	taprest enklest dovnest

2. Adjektive mit der Endung *-st* im Superlativ

Adjektive auf *-(l)ig* und *-som* erhalten nur die Endung *-st* im Superlativ:

Jeg er *lykkeligst* om våren. Det er den *morsomste* filmen vi til nå har sett.	Ich bin am *glücklichsten* im Frühling. Das ist der *lustigste* Film, den wir bislang gesehen haben.

3. Adjektive, die ihren Vokal im Komparativ und Superlativ ändern:

få (wenig) lang (lang) stor (groß) tung (schwer) ung (jung)	færre lengre større tyngre yngre	færrest lengst størst tyngst yngst

[3] Doppelkonsonanten werden vereinfacht.

4. Adjektive, die im Komparativ und Superlativ eine andere Wortform verwenden:

bra/god (gut)	bedre	best
dårlig/ille (schlecht)	verre	verst
gammel (alt)	eldre	eldst
liten (klein)	mindre	minst
mange (viele)	flere	flest
mye (viel)	mer	mest

5. Adjektive ohne Positivform:

Adverb	Adjektiv	Adjektiv
bak (hinten)	bakre (hintere)	bakerst (hinterste)
borte (fort)	bortre (fernere)	borterst (fernste/hinterste)
fremme (vorn)	fremre (vordere)	fremst (vorderste)
inne (drinnen)	indre (innere)	innerst (innerste)
ute (außen)	ytre (äußere)	ytterst (äußerste)
over (oben)	øvre (obere)	øverst (oberste)
nede (unten)	nedre (untere)	nederst (unterste)
midt (mitten)	midtre (mittlere)	midterst (mittelste)

De *bakre* radene er de billigste, de *midtre* er heller ikke særlig dyre, men de *fremste* er fryktelig dyre. I den *fremste* stolen satt en gammel mann, i den *midterste* ei ung jente og i den *bakerste* en voksen mann.	Die *hinteren* Reihen sind die *billigsten*, die *mittleren* sind auch nicht besonders teuer, aber die *vordersten* sind furchtbar teuer. Auf dem *vordersten* Stuhl saß ein alter Mann, auf dem *mittleren* ein junges Mädchen und auf dem *hintersten* ein erwachsener Mann.

6. Adjektive ohne Positiv und Komparativform

Die Adjektive *ypperste* ("vorzüglichste") und *mellomste*[4] (mittlerste) kommen im Norwegischen nur im Superlativ vor:

Dette er virkelig en vin av *ypperste* klasse. Finn er den *mellomste* av tre søsken.	Das ist tatsächlich ein Wein der Spitzenklasse. Finn ist der *mittlere* von drei Geschwistern.

[4] In Verbindung mit Alter, Stellung und Größe wird im Norwegischen das Adjektiv *mellomst* (anstelle von *midterst*) gewählt.

48 Komparation durch Umschreibung mit *mer* und *mest*

Im Gegensatz zum Deutschen gibt es im Norwegischen einige Adjektive, die keine eigenen Steigerungsformen haben, sondern den Komparativ mit *mer* + Grundform und den Superlativ mit *mest* + Grundform bilden.
In diese Gruppe gehören folgende Adjektive:

1. Adjektive, die aus Partizipien gebildet werden:

sliten (erschöpft) elsket (geliebt)	mer sliten (erschöpfter) mer elsket	mest sliten (am erschöpftesten) mest elsket

2. Adjektive auf *-et(e)* und *–ed*:

fillet(e) (zerlumpt) fremmed (fremd)	mer fillet(e) mer fremmed	mest fillet(e) mest fremmed

3. Adjektive auf *-s* und *–sk*:

gammeldags (altmodisch) sympatisk (sympathisch)	mer gammeldags mer sympatisk	mest gammeldags mest sympatisk

4. lange, mehrsilbige Adjektive:

komplisert (kompliziert) interessant (interessant)	mer komplisert mer interessant	mest komplisert mest interessant

Verwendung der Komparationsformen im Satz

Die Verwendung der Komparationsformen im Satz ist im Norwegischen und Deutschen grundsätzlich gleich.
Im Norwegischen gibt es kaum Deklinationsendungen; lediglich der Superlativ hat die Deklinationsendung *-e*.

49 Komparativ

1. Dem Komparativ folgt in der Regel *enn*, das im Deutschen *als* entspricht. In attributiver Stellung erhält das Adjektiv im Norwegischen im Gegensatz zum Deutschen keine Deklinationsendung:

Jeg vil bygge et *større* hus *enn* ditt.	Ich möchte ein *größeres* Haus *als* deins bauen.

2. In prädikativer Stellung erhält das Adjektiv in beiden Sprachen keine Deklinationsendung:

Jeg er *større* enn deg.	Ich bin *größer* als du.

3. Sowohl im Norwegischen als auch im Deutschen kann der Komparativ auch ohne Vergleich gebraucht werden (absoluter Komparativ):

I går traff jeg en *eldre* mann.	Gestern traf ich einen *älteren* Herrn.

Superlativ 50

1. Attributive Stellung

Im Norwegischen bekommt das Adjektiv überall ein Endungs-*e*, im Deutschen dagegen wird der Superlativ wie ein einfaches Adjektiv dekliniert:

Han følte seg forpliktet til å besøke henne en *siste* gang.	Er fühlte sich verpflichtet, sie noch ein *letztes* Mal zu besuchen.
Det er tomater av *beste* sort.	Das sind Tomaten der *besten* Sorte.
Det er den *største* opplevelsen jeg noensinne har hatt.	Das ist das *größte* Erlebnis, das ich jemals gehabt habe.

2. Prädikative Stellung

• Ohne Artikel bekommt der Superlativ keine Endung:

De eplene der er *finest*.	Die Äpfel da sind *am schönsten*.
Denne boka er *best*.	Dieses Buch ist *am besten*.

• In Verbindung mit dem Artikel erhält der Superlativ ein Endungs-*e*:

De eplene der er *de fineste*.	Die Äpfel da sind *die schönsten*.
Denne boka er *den beste*.	Dieses Buch ist *das beste*.

Wenn eine Sache, Person, o.ä. mit sich selbst verglichen wird, muss im Norwegischen die unbestimmte Form und im Deutschen die Konstruktion mit *am* verwendet werden:

Blomstene er *penest* om våren.	Die Blumen sind im Frühjahr *am schönsten*.
Svømmebassenget var *dypest* på midten.	Das Schwimmbecken war in der Mitte *am tiefsten*.

Absoluter Superlativ 51

Ebenso wie der Komparativ kann der Superlativ sowohl im Norwegischen als auch im Deutschen ohne Vergleich verwendet werden (absoluter Superlativ). Der absolute Superlativ bezeichnet einen sehr hohen Grad einer Eigenschaft oder eines Merkmals:

I sommerferien hadde vi det *herligste* vær. Han døde på absolutt *verste* måte.	In den Sommerferien hatten wir das *herrlichste* Wetter. Er starb auf *allerschlimmste* Weise.

52 Superlativ im Norwegischen - Komparativ im Deutschen

Im Norwegischen wird der Superlativ auch beim Vergleich von zwei Personen, Sachen, usw. verwendet, während im Deutschen mindestens drei oder mehr verglichen werden müssen. Das Deutsche verwendet bei einem Vergleich von nur zwei Dingen oder Personen normalerweise den Komparativ:

Jeg har to søstre. Britta er den *eldste*.	Ich habe zwei Schwestern. Britta ist die *ältere*.

Kapitel 5 Zahlwörter

Formenübersicht der Grund- und Ordnungszahlen 53

	Grundzahlen	Ordnungszahlen
0	null	nulte
1	en/ei/ett	første
2	to	andre
3	tre	tredje
4	fire	fjerde
5	fem	femte
6	seks	sjette
7	sju (syv)	sjuende (syvende)
8	åtte	åttende
9	ni	niende
10	ti	tiende
11	elleve	ellevte
12	tolv	tolvte
13	tretten	trettende
14	fjorten	fjortende
15	femten	femtende
16	seksten	sekstende
17	sytten	syttende
18	atten	attende
19	nitten	nittende
20	tjue (tyve)	tjuende (tyvende)
21	tjueen (enogtyve)	tjueførste (enogtyvende)
22	tjueto (toogtyve)	tjueandre (toogtyvende)
30	tretti (tredve)	trettiende (tredevte)
40	førti (førr)	førtiende
50	femti	femtiende
60	seksti	sekstiende
70	sytti	syttiende
80	åtti	åttiende
90	nitti	nittiende
100	hundre	hundrede
101	hundreogen	hundreogførste
200	tohundre	tohundrede
670	sekshundreogsytti	sekshundreogsytttiende
1000	tusen	tusende
6000	sekstusen	sekstusende
6300	sekstusentrehundre	sekstusentrehundrede

Anmerkung: Das Norwegische hat im Gegensatz zum Deutschen zwischen der Zahl *Hundert* und der nachfolgenden Zahl eine obligatorische Konjunktion: *I nittenhundre**og**nittifire var det etthundre**og**åtti år siden Norge fikk egen grunnlov.*

(Neunzehnhundertvierundneunzig sind einhundertachtzig Jahre vergangen, seit Norwegen ein eigenes Grundgesetz bekam.). Das gleiche gilt auch für die Zahlen *Tausend, Million*, usw., wenn die nachfolgende Zahl kleiner als *Hundert* ist: *totusen**og**nittiåtte, totusen**og**nittini* aber *totusenetthundre.*

54 Die Zahlenreform

Nach der Zahlenreform im Jahre 1951 sollen die Zahlen 7, 20 und 30 offiziell *sju, tjue* und *tretti* heißen. Die Formen *syv, tyve* und *tredve* sind dennoch häufig zu hören.

Die größten Veränderungen bei der Zahlenreform betreffen die zusammengesetzten Zahlwörter zwischen 21 und 99, die insofern geändert wurden, als die Zehner vor den Einern genannt werden: *tjuesju, trettifire, femtiseks,* usw., im Unterschied zu den alten Formen mit den vorangestellten Einern: *syvogtyve, fireogtredve, seksogfemti* usw. Heute kann man sowohl die offiziellen als auch die alten Formen nebeneinander hören.

55 Grundzahlen im adjektivischen Gebrauch

1. *en, ei* und *et(t)*

Die Grundzahlen werden im adjektivischen Gebrauch normalerweise nicht flektiert. Wie im Deutschen bildet die Zahl 1 eine Ausnahme:

Jeg har kjøpt *en* genser, *ei* bukse og *et* skjørt.	Ich habe *einen* Pullover, *eine* Hose und *ein* Hemd gekauft.

Die Neutrumsform mit Doppel-*t -ett-* wird verwendet, wenn man den Zahlencharakter hervorheben will:

Fikk han virkelig bare *ett* svar på ekteskapsannonsen?	Hat er wirklich nur *eine* Antwort auf die Heiratsannonce erhalten?

2. *en* und *ett* in einigen festen Redewendungen

Beachte, dass es in folgenden Fällen *en* heißt, während im Deutschen die Neutrumsform *eins* verwendet wird:

- in Aufzählungen: *en*, to, tre, fire (*eins*, zwei, drei, vier)
- bei Rechenoperationen: *en* pluss fire er fem (*eins* plus vier sind fünf), *en* minus *en* er null (*eins* minus *eins* ist null), en ganger *en* er *en (*ein mal *eins* ist *eins*)
- vor oder nach dem Dezimalkomma: *En* komma *en* gram er mer enn ett gram. (*Eins* komma *eins* Gramm ist mehr als ein Gramm.)

• bei Sportergebnissen: Start vant sensasjonelt to - *en* over Bayern München! (Start gewann sensationell zwei zu *eins* gegen Bayern München!)

Anmerkung:
In Verbindung mit der Uhrzeit wird dagegen im Norwegischen die Form *ett* gebraucht: Klokka var allerede blitt *ett* (Es war schon *ein* Uhr), fem på *ett* (fünf vor *eins*).

Grundzahlen im substantivischen Gebrauch 56

1. *hundrer* und *tusener*

Die Zahlen *hundre* und *tusen* können im substantivischen Gebrauch Pluralendungen bekommen:

Det var *hundrer* og *tusener* av mennesker samlet i gatene for å protestere mot regjeringens politikk.	In den Straßen waren *Hunderte* und *Tausende* von Menschen versammelt, um gegen die Politik der Regierung zu protestieren.

2. *en null*, *en million* und *en milliard*

• Wie im Deutschen werden einige Zahlen wie normale Substantive flektiert:

en null	nullen	nuller	nullene
en million	millionen	millioner	millionene
en milliard	milliarden	milliarder	milliardene

Norge burde bruke *milliardene* fra oljeindustrien i Nordsjøen til å betale utenlandsgjelden.	Norwegen sollte die *Milliarden* aus der Ölindustrie in der Nordsee verwenden, um die Auslandsschulden zu bezahlen.

• Die anderen Zahlen können durch die Endung *-er* substantiviert werden:

en ener	eneren	enere	enerne
en femmer	femmeren	femmere	femmerne
en tier	tieren	tiere	tierne

Kan du låne meg en *tier*?	Kannst du mir einen *Zehner* leihen?
Hun fikk endelig en *tolver* i tipping.	Sie bekam endlich einen *Zwölfer* beim Toto.
Han fikk bare *toere* i matte.	Er bekam nur *Zweier* in Mathe.

57 Ordnungszahlen

1. Keine Flexion im Norwegischen

Die Ordnungszahlen werden im Norwegischen nicht flektiert:

Vi bor i *femte* etasje. Det er allerede *tredje* gang at du har glemt avtalen vår.	Wir wohnen im *vierten* Stock. Es ist bereits das *dritte* Mal, dass du unsere Verabredung vergessen hast.

2. Einige feste Ausdrücke

• *for det første, for det andre, for det tredje,* usw.:

For det første er du for ung, *for det andre* er det for dyrt og *for det tredje* er det for farlig.	*Erstens* bist du zu jung, *zweitens* ist es zu teuer, und *drittens* ist es zu gefährlich.

• *halvannen/en og en halv, halvannet/et og et halvt*:

Til hver portion trenger du *halvannen/ en og en halv* banan og *halvannet/ et og et halvt* eple.	Für jede Portion benötigst du *anderthalb* Bananen und *anderthalb* Äpfel.

• *annenhver/ hver annen, hver tredje, hver fjerde,* usw.:

Das unbestimmte Pronomen *hver* (→ §101) wird hier flektiert:

Annenhvert/ hvert annet år maler han huset. De spiller alltid tennis enten *annenhver/ hver annen* uke eller *hver tredje* uke.	*Jedes zweite* Jahr streicht er das Haus an. Sie spielen entweder immer *jede zweite* oder *jede dritte* Woche Tennis.

• *nest beste, tredje beste, fjerde beste,* usw.:

Hilde skrev den beste, Gøril den *nest beste* og Åse den *tredje beste* stilen.	Hilde hat den besten, Gøril den *zweitbesten* und Åse den *drittbesten* Aufsatz geschrieben.

3. Grundzahl im Norwegischen - Ordnungszahl im Deutschen

In einigen Ausdrücken, in denen im Deutschen eine Ordnungszahl verwendet werden kann, muss im Norwegischen die Grundzahl gebraucht werden:

Vi har kjøpt oss en bil *nummer to.*	Wir haben uns ein *zweites* Auto gekauft.
Jens ble *nummer tre* og Nils *nummer fire* i løpet. Vi gikk *fem sammen* på kino.	Beim Laufen wurde Jens *dritter* und Nils *vierter*. Wir sind *zu fünft* ins Kino gegangen.

Bruchzahlen 58

1/2	en halv	3/12	tre tolvtedeler/ tre tolvdeler
1/3	en tredjedel/ en tredel	1/13	en trettendel
1/4	en fjerdedel/ en firedel/	1/14	en fjortendel (usw.)
2/5	to femtedeler/ to femdeler		

1. Ebenso wie im Deutschen wird im Norwegischen im Zähler die Grundzahl verwendet. Bei Brüchen mit dem Nenner zwischen 3 und 12 kann man zwischen Grund- oder Ordnungszahl wählen. Ab der Zahl 13 können laut der Zahlenreform (→ §54) nur Grundzahlen verwendet werden. Trotz allem sind die Formen mit einer Ordnungszahl im Nenner noch immer gebräuchlich: *en trettendedel, en fjortendedel*, usw.

2. Nach einem Bruch steht im Norwegischen das folgende Substantiv immer im Singular:

Han var bare *fem hundredels sekund* fra å ta gull.	Er war nur eine *fünfhundertstel Sekunde* von der Goldmedaille entfernt.

Einige Wendungen, in denen Zahlen vorkommen 59

1. Datum (im mündlichen Sprachgebrauch):

Jeg er født (den) tjuefjerde i første nittensekstitre.	Ich bin am vierundzwanzigsten ersten neunzehnhundertdreiundsechzig geboren.

2. einige Zeitangaben:

I *femtiårene* hadde ingen fjernsyn i Norge. Det kom først på *sekstitallet*. Norge har vært en oljenasjon i mange *tiår*.	In den *fünfziger* Jahren hatte niemand in Norwegen Fernsehen. Das kam erst in den *Sechzigern*. Norwegen ist seit vielen *Jahrzehnten* eine Ölnation.

3. Altersangaben:

Allerede som *trettenåring* var hun en virtuos på fiolin. I *fjortenårsalderen* kommer mange gutter i stemmeskifte.	Schon als *dreizehnjährige* war sie eine Virtuosin auf der Geige. Mit *vierzehn* kommen viele Jungen in den Stimmbruch.

4. Geldangaben (im mündlichen Sprachgebrauch):

Du skal ha *sju femti/sju kroner og femti øre/sju og ei halv krone* tilbake.	Sie bekommen *sieben Kronen fünfzig* zurück.
Kunne du låne meg en *hundrelapp*?	Könntest du mir einen *Hunderter* leihen?

5. feste Redewendungen:

Han er *en ener*.	Er ist sehr tüchtig.
I dag har det gått *i ett kjør*.	Heute haben wir wirklich sehr viel zu tun gehabt.
Nå er *hundre og ett ute*!	Jetzt ist aber alles vorbei!
Tusen takk!	Vielen Dank!

Kapitel 6 Adverbien

Formen der Adverbien 60

1. Die Adverbien sind wie im Deutschen unflektiert:

nok (wohl), *jo* (doch), *slik* (solch), *ellers* (sonst), *ned* (hinunter), *alltid* (immer), *overalt* (überall), *kanskje* (vielleicht), *tilbake* (zurück)

2. Im Norwegischen kann die Neutrumsform der Adjektive (→ §38) als Adverb verwendet werden:

godt (gut), *pent* (schön), *dårlig* (schlecht), *bra* (gut), *langt* (weit), *fort* (schnell):

Lotte er veldig *pen*. (Adj.)	Lotte ist sehr *hübsch*.
Lotte skriver veldig *pent*. (Adv.)	Lotter schreibt sehr *schön*.
Maten er *god*. (Adj.)	Das Essen ist *gut*.
Maten smakte *godt*. (Adv.)	Das Essen schmeckte *gut*.

Anmerkung:
Beachte, dass das Norwegische normalerweise in den Fällen, in denen im Deutschen Pronominaladverbien wie *daran, darauf, davon,* usw. benutzt werden, einen Präpositionsausdruck verwendet (→ §§70, 176,3):

Han hentet en stol og satte seg *på den*.	Er holte einen Stuhl und setzte sich *darauf*.
Har du tenkt *på* å flytte til Trøndelag?	Hast du *daran* gedacht, nach Trøndelag umzuziehen?
Det kommer an *på* om været blir godt nok.	Es kommt *darauf* an, ob das Wetter gut genug wird.

Bedeutung der Adverbien

Die Adverbien können wie im Deutschen nach Bedeutungen eingeteilt werden, wobei die Übergänge zwischen den einzelnen Gruppen fließend sind.

Ortsadverbien 61

her (hier), *der* (dort), *hit* (hierher), *dit* (dorthin), *inn* (hinein), *inne* (innen), *ut* (hinaus), *ute* (außen), *hjem* (nach Hause), *hjemme* (zu Hause), *bort* (fort, weg), *borte* (weg), *fram* (hervor), *framme* (vorn), *forbi* (vorbei), *hvor* (wo), *herfra* (von hier), *derfra* (von dort), *innom* (bei), *tilbake* (zurück), *omkring* (herum), *bak* (hinten), *ned* (hinunter), *nede* (unten), *opp* (hinauf), *oppe* (oben), *langt* (weit):

Da Svein kom *dit*, var ingen *hjemme*. *Derfra* var det femti minutter å kjøre.	Als Svein *dorthin* kam, war niemand *zu Hause*. *Von dort* waren es fünfzig Minuten zu fahren.

1. Ortsadverbien mit Doppelformen

Im Norwegischen gibt es einige Ortsadverbien, die Doppelformen aufweisen. Dabei erhält die Form, die eine Bewegung ausdrückt, ein Endungs-*e*; die Form, die eine Ruhelage bezeichnet, steht ohne Endung:

Bewegung	Ruhelage
Hun går *inn*. Sie geht *hinein*.	Hun er *inne*. Sie ist *drinnen*.
Hun går *ut*. Sie geht *hinaus*.	Hun er ute. Sie ist *draußen*.
Hun går *opp*. Sie geht *herauf*.	Hun er *oppe*. Sie ist *oben*.
Hun går *ned*. Sie geht *herunter*.	Hun er *nede*. Sie ist *unten*.
Hun går *hjem*. Sie geht *nach Hause*.	Hun er *hjemme*. Sie ist *zu Hause*.
Hun går *hit*. Sie geht *hierher*.	Hun er *her*. Sie ist *hier*.
Hun går *dit*. Sie geht *dorthin*.	Hun er *der*. Sie ist *dort*.

2. Besondere Verwendung der Adverbien *her* und *der*

In Verbindung mit transitiven Bewegungsverben wie *sette* (setzen), *legge* (legen), *henge* (hängen) werden die Ortsadverbien *her* und *der* verwendet, obwohl sie normalerweise eine Ruhelage ausdrücken:

Kristin hengte bildet *her*. *Her* henger bildet. Han la blyanten *der*. *Der* ligger blyanten.	Kristin hat das Bild *hierhin* gehängt. *Hier* hängt das Bild. Er legte den Bleistift *dorthin*. *Dort* liegt der Bleistift.

Zeitadverbien 62

allerede (schon), *alltid* (immer), *alt* (schon), *bestandig* (ständig), *da* (dann, da), *ennå* ((immer) noch), *fremdeles* (immer noch), *først* (zuerst), *lenge* (lange), *nettopp* (gerade), *nylig* (neulich), *nå* (nun, jetzt), *når* (wann), *ofte* (oft), *senere* (später), *siden* (später), *sjelden* (selten), *snart* (bald), *straks* (sofort), *så* (dann):

Det er *fremdeles* tidlig på dagen så vi kan *ennå* rekke det.	Es ist *noch immer* früh am Tag, so dass wir es *noch* schaffen können.
Gjør du det ikke *straks*, vil du glemme det *siden*.	Wenn du es nicht *sofort* machst, wirst du es *später* vergessen.

Modaladverbien 63

Die Modaladverbien lassen sich nach der Bedeutung in verschiedene Gruppen unterteilen:

1. Art und Weise

Die meisten Adverbien dieser Gruppe sind von Adjektiven abgeleitet: *bra* (gut), *fort* (schnell), *godt* (gut), *hyggelig* (gemütlich), *morsomt* (lustig), *pent* (schön), *vennlig* (freundlich), u.a.:

Til tross for at læreren ikke var så *godt* forberedt, gikk undervisningen *bra.*	Obgleich sich der Lehrer nicht so *gut* vorbereitet hatte, verlief der Unterricht *gut.*
Tannlegen smilte *vennlig* til den nervøse pasienten.	Der Zahnarzt lächelte den nervösen Patienten *freundlich* an.

Aber hierzu gehören auch einige andere Adverbien wie: *annerledes* (anders), *delvis* (teilweise, teils), *hvordan* (wie), *slik* (so), *sånn* (so)

2. Grad, Maß

altfor (allzu), *bare* (nur), *enda* (noch), *for* (zu), *ganske* (ganz, ziemlich), *helt* (ganz), *lite* (wenig), *litt* (ein wenig, ein bisschen, etwas), *meget* (sehr, viel), *mye* (viel), *neppe* (kaum), *nesten* (fast), *nok* (genug), *nokså* (ziemlich), *stort* (sehr, viel), *svært* (sehr), *temmelig* (ziemlich), *veldig* (sehr):

Jeg har *litt* for *lite* tid.	Ich habe *ein bisschen zu wenig* Zeit.
Vi klarer *neppe* å bli ferdige.	Wir schaffen *kaum* fertig zu werden.

3. Unbestimmtheit, Vermutung, Einschränkung

antagelig(vis) (wahrscheinlich), *kanskje* (vielleicht), *muligens* (möglicherweise), *nok* (wohl, wahrscheinlich), *sannsynligvis* (wahrscheinlich), *sikkert* (bestimmt, sicherlich), *trolig* (wahrscheinlich), *visst* (vermutlich), *visstnok* (sicher(lich)):

Sannsynligvis vil de aldri få se hverandre igjen, og det er *nok sikkert* det beste.	*Wahrscheinlich* werden sie sich nie wieder sehen, und das ist *wohl bestimmt* das Beste.

4. Verneinung

aldri (nie), *ikke* (nicht), *heller ikke* (auch nicht):

Man skal *aldri* si *aldri*. Det er *ikke* mange turister fra Østerrike her og sveitsere er *heller ikke* ofte å se.	Man soll *niemals nie* sagen. Es sind hier *nicht* viele Touristen aus Österreich, und Schweizer lassen sich *auch nicht* oft blicken.

Anmerkung: Der deutschen Verneinung *auch nicht* entspricht im Norwegischen immer *heller ikke*.

5. Gegensatz

ellers (sonst), *likevel* (trotzdem):

La oss vaske opp med en gang *ellers* må vi gjøre det når vi kommer hjem.	Lass uns sofort spülen, *sonst* müssen wir es tun, wenn wir nach Hause kommen.

6. Hervorhebung

akkurat (genau, gerade), *bare* (nur), *nettopp* (gerade), *også* (auch), *særlig* (besonders):

Jens er ikke *bare* flink til å spille fotball, han er *også* en god skiløper. Det er *akkurat* det som er så vanskelig.	Jens kann nicht *nur* gut Fußball spielen, er ist *auch* ein guter Skiläufer. *Genau* das ist so schwierig.

64 Kausaladverbien

Die Kausaladverbien drücken eine Ursache, einen Grund aus:

altså (also, folglich), *derfor* (deshalb), *følgelig* (folglich), *hvorfor* (warum):

De var veldig glade i risgrøt *derfor* spiste de det som regel hver lørdag. *Hvorfor* har du lyst til å lære norsk?	Sie mochten sehr gerne Reisbrei, *deshalb* aßen sie ihn gewöhnlich jeden Samstag. *Warum* möchtest du gern Norwegisch lernen?

Komparation der Adverbien

65

Einige Adverbien können ebenso wie die Adjektive gesteigert werden. Dazu gehören vor allem Modaladverbien und einige Zeitadverbien. In dem Fall, dass das Adverb von einem entsprechenden Adjektiv abgeleitet ist, kann das Adverb auf dieselbe Weise wie das Adjektiv (→ §47) gesteigert werden:

Positiv	Komparativ	Superlativ
fort (schnell)	fortere (schneller)	fortest (am schnellsten)
pent (schön)	penere	penest
stygt (hässlich)	styggere	styggest
ofte (oft)	oftere	oftest
sjelden (selten)	sjeldnere	sjeldnest
interessant (interessant)	mer interessant	mest interessant
langt (lang, weit)	lengre	lengst
lenge (lange)	lengre	lengst
godt, vel (gut)	bedre	best
vondt, ondt, ille (schlecht)	verre	verst
mye (viel, sehr)	mer	mest
lite (wenig)	mindre	minst
litt (etwas, ein wenig)	mindre	minst
gjerne (gern)	heller	helst

Forretten smakte *godt*, og hovedretten enda *bedre*, men *best* av alt smakte desserten. Per ville *gjerne* gå på kino, Pål ville *heller* bli hjemme, mens Espen derimot *helst* ville på rockekonsert.	Die Vorspeise schmeckte *gut*, das Hauptgericht noch *besser*, aber *am besten* von allen schmeckte der Nachtisch. Per wollte *gerne* ins Kino gehen, Pål wollte *lieber* zu Hause bleiben, während Espen *am liebsten* ins Rockkonzert wollte.

Kapitel 7 Pronomen

66 Personalpronomen

Das Personalpronomen hat im Norwegischen zwei unterschiedliche Formen: die Subjektsform, die dem deutschen Nominativ entspricht, und die Objektsform (Abhängigkeitsform), die sowohl dem deutschen Dativ als auch Akkusativ entspricht:

	Subjektsform		Objektsform	
1.P.Sg.	jeg	ich	meg	mich, mir
2.P.Sg.	du	du	deg	dich, dir
3.P.Sg.	han hun den det	er sie er, sie es	ham/han henne den det	ihn, ihm sie, ihr ihn, ihm, sie, ihr es
1.P.Pl.	vi	wir	oss	uns, uns
2.P.Pl.	dere	ihr	dere	euch, euch
3.P.Pl.	de	sie	dem	sie, ihnen

Jeg liker *ham/han*[5] ikke.	*Ich* mag *ihn* nicht.
Han hjalp *meg* med leksene.	*Er* half *mir* bei den Hausaufgaben.
Vil *du* besøke *meg* i morgen?	Kommst *du mich* morgen besuchen?
Har *dere* spurt *dem* om *de* har lyst til å gå på konsert sammen med *oss*?	Habt *ihr sie* gefragt, ob *sie* Lust haben, mit *uns* ins Konzert zu gehen?
Vi kjøpte en fin presang til *henne*.	*Wir* haben *ihr* ein schönes Geschenk gekauft.

67 *han, hun, den* oder *det*?

1. Im Deutschen ist die Wahl des Personalpronomens der 3. P. Sg. nur vom grammatischen Geschlecht abhängig. Im Norwegischen muss außerdem berücksichtigt werden, ob es sich um eine Person oder eine Sache handelt: *han* und *hun* beziehen sich nur auf Menschen/ Personen. Wenn man über Tiere oder Dinge redet, wird *den* für Maskulina und Feminina verwendet:

I går traff jeg en eldre *mann. Han* spurte meg om veien til postkontoret.	Gestern traf ich einen älteren *Mann. Er* fragte mich nach dem Weg zum Postamt.
Vi har en *hund. Den* heter Rex.	Wir haben einen *Hund. Er* heißt Rex.

[5] Die Form *han* setzt sich im modernen Norwegisch durch.

Der borte står *venninna* mi. *Hun* venter på meg. Vi har leid ei *hytte*. *Den* ligger på fjellet.	Dort drüben steht meine *Freundin*. *Sie* wartet auf mich. Wir haben eine *Hütte* gemietet. *Sie* liegt im Gebirge.

2. Die Neutrumsform *det* dagegen kann sowohl für Personen als auch für Dinge und Sachen verwendet werden:

Ser du det *barnet* der borte? Ja, *det* er veldig pent. Vi har kjøpt et nytt *hus*. *Det* er større enn det gamle.	Siehst du das *Kind* da drüben? Ja, *es* ist sehr hübsch. Wir haben ein neues *Haus* gekauft. *Es* ist größer als das alte.

Objektsform im Norwegischen - Subjektsform im Deutschen 68

Wenn das Personalpronomen in prädikativer Stellung steht, wird im Norwegischen normalerweise die Objektsform verwendet, während das Deutsche hier unbedingt die Subjektsform (Nominativ) vorschreibt:

Det var *meg*. Jeg er større enn *deg*.	*Ich* war es. Ich bin größer als *du*.

Höflichkeitsform 69

Vil *De* sette *Dem*? Kan jeg hjelpe *Dem*?	Wollen *Sie sich* setzen? Kann ich *Ihnen* helfen?

Im Norwegischen wird die Höflichkeitsform heute nur noch selten verwendet. Grundsätzlich wird die Du-Form gewählt, auch wenn mit Unbekannten gesprochen wird.

Präposition + Personalpronomen im Norwegischen - Pronominaladverbial im Deutschen 70

Im Gegensatz zum Deutschen kann im Norwegischen bei den Personalpronomen der 3. Person kein Pronominaladverb verwendet werden:

Han tok vasen og helte vann *i den*.	Er hat die Vase geholt und Wasser *hinein* gegossen.
Hun tok av seg brillene og la et lommetørkle *over dem*.	Sie hat die Brille abgenommen und ein Taschentuch *darüber* gelegt.
Jeg skal tenke *på det*.	Ich werde *daran* denken.

71 Reflexivpronomen

1. Sowohl im Norwegischen als auch im Deutschen gibt es nur das Reflexivpronomen *seg* (sich). Diese Form wird in der 3. Person Singular und Plural gebraucht und ist unveränderlich. In der 1. und 2. Person werden die Formen des Personalpronomens als Reflexivpronomen verwendet:

Jeg vasker *meg*.	Ich wasche *mich*.
Du vasker *deg*.	Du wäschst *dich*.
Han vasker *seg*.	Er wäscht *sich*.
Hun vasker *seg*.	Sie wäscht *sich*.
Vi vasker *oss*.	Wir waschen *uns*.
Dere vasker *dere*.	Ihr wascht *euch*.
De vasker *seg*.	Sie waschen *sich*.

2. Die Verwendung des Reflexivpronomens ist im Norwegischen und Deutschen im allgemeinen dieselbe, nur in einigen wenigen Fällen besteht ein Unterschied:

- Im Norwegischen kann das Reflexivpronomen nicht reziprok verwendet werden (→ §72):

De er glad i *hverandre*.	Sie lieben *sich*.
De møtte *hverandre* her.	Sie trafen *sich* hier.

- Während im Deutschen bei der Höflichkeitsform das Reflexivpronomen *sich* als Objektsform verwendet wird, muss im Norwegischen das Personalpronomen *Dem* gebraucht werden:

Sett *Dem*!	Setzen *Sie sich*!
Len *Dem* tilbake!	Lehnen *Sie sich* zurück!

72 Reziprokes Pronomen

Für das gegenseitige Verhältnis muss im Norwegischen das reziproke Pronomen *hverandre* gebraucht werden. Das entsprechende deutsche reziproke Pronomen *einander* wird im modernen Deutsch normalerweise durch ein Reflexivpronomen ersetzt:

Dere må hjelpe *hverandre*.	Ihr müsst *euch/ einander* helfen.
Vi liker *hverandre*.	Wir mögen *uns/ einander*.
De ser *hverandre*.	Sie sehen *sich/ einander*.

Im Gegensatz zum Deutschen kann im Norwegischen hier nicht das Reflexivpronomen verwendet werden. Im Norwegischen muss immer das reziproke Pronomen *hverandre* gebraucht werden, auch wenn im Deutschen das Pronomen *einander* statt *sich* möglich wäre:

De møtte *hverandre*. De hilser på *hverandre*.	Sie trafen *sich* (= *einander*). Sie begrüßen *sich* (= *einander*).

Die Form *hverandres* 73

Ein Unterschied zum Deutschen besteht darin, dass das Norwegische den Genitiv des reziproken Pronomens bilden kann:

De lånte *hverandres* sykler. De leste *hverandres* dagbøker.	Sie liehen *sich* ihre Fahrräder. Sie lasen ihre Tagebücher.

Häufiger jedoch wird hier mit einem Präpositionsausdruck umschrieben:

De lånte syklene *til hverandre*. De leste dagbøkene *til hverandre*.	Sie liehen *sich* ihre Fahrräder. Sie lasen ihre Tagebücher.

Possessivpronomen

min, *din* und *vår* 74

1. Die Possessivpronomen *min* (mein), *din* (dein) und *vår* (unser) werden im Norwegischen adjektivisch dekliniert, d.h. sie richten sich hinsichtlich des Genus und Numerus nach dem zugehörigen Substantiv:

Maskulinum	Femininum	Neutrum	Plural
min din vår	mi di vår	mitt ditt vårt	mine dine våre

Jeg sitter i hagen *min* og leser i boka *di*. I går fikk jeg besøk av vennene *mine* i det nye huset *mitt*.	Ich sitze in *meinem* Garten und lese in *deinem* Buch. Gestern bekam ich in *meinem* neuen Haus von *meinen* Freunden Besuch.

2. Im Unterschied zum Deutschen bekommt das norwegische Possessivpronomen keine anderen Endungen, wenn das Pronomen stellvertretend für ein Substantiv steht:

Hunden min er eldre enn *din*. Huset vårt er større enn *ditt*.	Mein Hund ist älter als *deiner*. Unser Haus ist größer als *deins*.

Anmerkung: Im Norwegischen wird das Possessivpronomen meistens nachgestellt (→ §79).

75 *deres*

Das Possessivpronomen der 2. Person Plural heißt *deres* (euer) und wird nicht flektiert:

Har dere med soveposene *deres*? Kjørte dere med bilen *deres*? Får jeg leie huset *deres*?	Habt ihr *eure* Schlafsäcke mit? Seid ihr mit *eurem* Auto gefahren? Darf ich *euer* Haus mieten?

76 Reflexive und nicht-reflexive Possessivpronomen der 3. Person

Während im Deutschen bei der 3. Person des Possessivpronomens nur zwischen *sein* und *ihr* unterschieden wird, muss im Norwegischen bei der 3. Person des Possessivpronomens außerdem zwischen der reflexiven und der nicht-reflexiven Form unterschieden werden, abhängig davon, ob sich das Possessivpronomen auf das Subjekt desselben Satzes bezieht oder nicht:

Reflexive Formen:

Zugehöriges Substantiv →	Mask.	Fem.	Neutr.	Plural	Deutsch
reflexives Possessivpron.	sin	si	sitt	sine	sein/ihr

Nicht-reflexive Formen:

Bezugswort→		Mask.	Fem.	Neutr.	Plural	Deutsch
nicht-reflex.	Person	hans	hennes	dets	deres	sein/ihr
Poss.pron.	keine Person	dens	dens	dets	deres	sein/ihr

77 *sin, si, sitt* und *sine*

1. Die reflexiven Formen *sin, si, sitt* und *sine* werden verwendet, wenn Subjekt und Besitzer innerhalb eines Satzes ein und dieselbe Person ist. Vergleiche:

reflexiv: Han tar genseren *sin*.	Er nimmt *seinen* (eigenen) Pullover.
nicht-reflexiv: Han tar genseren *hans*.	Er nimmt *seinen* Pullover (den eines anderen).
reflexiv: De tar genserne *sine*.	Sie nehmen *ihre* (eigenen) Pullover.
nicht-reflexiv: De tar genserne *deres*.	Sie nehmen *ihre* Pullover (die der anderen).

2. Die Form des Pronomens richtet sich bei den reflexiven Possessivpronomen ausschließlich nach Genus und Numerus des zugehörigen Substantivs. Es ist also nicht wie im Deutschen wichtig, welches Geschlecht das Bezugswort aufweist:

Lise kjører i *bilen sin*. Inger leser i *boka si*. Hans spiser *eplet sitt*. Anne og Jens ligger i *sengene sine*.	Lise fährt in *ihrem* Auto. Inger liest in *ihrem* Buch. Hans isst *seinen* Apfel. Anne und Jens liegen in *ihren* Betten.

3. Es ist wichtig zu beachten, dass sich die reflexiven Formen immer auf das Subjekt desselben Satzes beziehen. Das gilt auch für Nebensätze. Vergleiche:

Han sier at *Turid* er på besøk hos foreldrene *sine*. *Han* sier at Turid er på besøk hos foreldrene *hans*.	Er sagt, dass *Turid ihre* Eltern besucht. *Er* sagt, dass Turid *seine* Eltern besucht.

hans, *hennes* und *deres* 78

1. Bezieht sich das Pronomen nicht auf das Subjekt desselben Satzes, werden die nicht-reflexiven Pronomen *hans* (sein), *hennes* (ihr) und *deres* (ihr) benutzt. Die Wahl des Pronomens richtet sich nicht wie bei den reflexiven Possessivpronomen nach dem zugehörigen Substantiv, sondern wie im Deutschen nach dem Bezugswort:

- Wenn das Bezugswort eine männliche Person ist, wird *hans* verwendet:

Martin trenger penger. Derfor har jeg kjøpt bilen *hans*, hytta *hans* og huset *hans*, men bøkene *hans* fikk jeg ikke kjøpe.	*Martin* braucht Geld. Deshalb habe ich *seinen* Wagen, *seine* Hütte und *sein* Haus gekauft, aber *seine* Bücher durfte ich nicht kaufen.

- Wenn das Bezugswort eine weibliche Person ist, wird *hennes* verwendet:

Eva trenger penger. Derfor har jeg kjøpt bilen *hennes*, hytta *hennes* og huset *hennes*, men bøkene *hennes* fikk jeg ikke kjøpe.	*Eva* braucht Geld. Deshalb habe ich *ihren* Wagen, *ihre* Hütte und *ihr* Haus gekauft, aber *ihre* Bücher durfte ich nicht kaufen.

- Wenn das Bezugswort im Plural steht, wird *deres* verwendet:

Martin og Eva trenger penger. Derfor har jeg kjøpt bilen *deres*, hytta *deres* og huset *deres*, men bøkene *deres* fikk jeg ikke kjøpe.	*Martin und Eva* brauchen Geld. Deshalb habe ich *ihren* Wagen, *ihre* Hütte und *ihr* Haus gekauft, aber *ihre* Bücher durfte ich nicht kaufen.

2. Die Formen *dens* und *dets* kommen manchmal in der Schriftsprache vor, wenn das Bezugswort keine Person ist:

- Wenn das Bezugswort Maskulinum oder Femininum ist, wird *dens* verwendet:

Jeg liker verken regjeringen eller *dens* sammensetning.	Ich mag weder die Regierung noch *ihre* Zusammensetzung.

- Wenn das Bezugswort Neutrum ist, wird *dets* verwendet:

Han studerte landet med særlig vekt på *dets* historie.	Er studierte das Land mit Schwerpunkt auf *seiner* Geschichte.

3. Als Anhaltspunkt für die Verwendung der nicht-reflexiven Formen *hans*, *hennes* und *deres* kann man sich folgendes merken: Kann das deutsche Possessivpronomen' durch *deren* bzw. *dessen* ersetzt werden, muss im Norwegischen die nicht-reflexive Form des Possessivpronomens eingesetzt werden:

Else har en bil, og Pål låner ofte bilen *hennes*.	Else hat ein Auto, und Pål leiht sich oft ihr/ *deren* Auto.
Mens Espen var på badet, leste Lise i smug i dagboka *hans*.	Während Espen im Bad war, las Lise heimlich in seinem/ *dessen* Tagebuch.
Erik og Ragna soler seg, så Anne og Jens får bruke fiskestengene *deres*.	Erik und Ragna sonnen sich, so dass Anne und Jens ihre/ *deren* Angeln benutzen dürfen.

4. Die reflexiven Formen des Possessivpronomens *sin*, *si*, *sitt* und *sine* können nicht als Subjekt stehen:

Mannen *hennes* arbeider i Oslo.	*Ihr* Mann arbeitet in Oslo.
Klokka *hans* er fra Sveits.	*Seine* Uhr kommt aus der Schweiz.
Bøkene *hennes* ligger ennå i pappkasser.	*Ihre* Bücher liegen noch immer in Kartons.

79 Nachgestelltes Possessivpronomen

Während im Deutschen das Possessivpronomen immer vor dem Substantiv steht, wird es im Norwegischen meistens dem Substantiv nachgestellt. Dabei steht das Substantiv in der bestimmten Form:

Stolen min er ny.	*Mein Stuhl* ist neu.
Jeg liker den nye *boka di*.	Ich mag dein *neues Buch*.
Han bor i *huset sitt*.	Er wohnt in *seinem Haus*.
De har med seg *lekene sine*.	Sie haben *ihr Spielzeug* mit.

Vorangestelltes Possessivpronomen 80

Im Norwegischen ist es aber auch möglich, die Possessivpronomen dem Substantiv voranzustellen. Dann steht das Substantiv in der unbestimmten Form. Das Possessivpronomen steht vor allem in folgenden Fällen vor dem Substantiv:

1. wenn das Pronomen betont werden soll:

Det er *mitt hus*, ikke *ditt*!	Das ist *mein Haus*, nicht *deins*!
Er det *hennes idé*?	Ist das *ihre Idee*?

2. in einigen festen Redewendungen:

Det var *min skyld*.	Das war *meine Schuld*.
Det må etter *min mening* være feil.	*Meiner Meinung* nach muss das falsch sein.

3. In Verbindung mit *egen* (eigen) wird das Possessivpronomen ebenso wie im Deutschen vorangestellt:

Det er *min egen oppskrift*.	Das ist *mein eigenes Rezept*.
Hun har *sitt eget rom*.	Sie hat *ihr eigenes Zimmer*.

4. In Verbindung mit *hver* (jeder) steht das Possessivpronomen zwischen *hver* und dem Substantiv:

De gikk hver *sin* vei.	Jeder ging *seinen* eigenen Weg.
De spiste hvert *sitt* brød.	Jeder aß *sein* eigenes Brot.

Demonstrativpronomen

den und *denne* 81

Die wichtigsten Demonstrativpronomen im Norwegischen sind *den* und *denne*:

Maskulinum	den	der, jener	denne	dieser
Femininum	den	die, jene	denne	diese
Neutrum	det	das, jenes	dette	dieses
Plural	de	die, jene	disse	diese

Denne kjolen her kler deg ganske bra, men *den* grønne kjolen der passer ikke til deg.	*Dieses* Kleid hier steht dir ganz gut, aber *jenes* grüne Kleid dort passt nicht zu dir.
Dette glasset er stort nok, men *det* glasset er for lite.	*Dieses* Glas ist groß genug, aber *jenes* Glas ist zu klein.

Disse eplene her er gode, men *de* eplene der borte kan jeg ikke anbefale.	*Diese* Äpfel hier sind gut, aber *jene* Äpfel dort drüben kann ich nicht empfehlen.

Anmerkung: Wie die Beispiele zeigen, wird die Unterscheidung zwischen Nähe und Ferne in beiden Sprachen häufig durch den Zusatz der Adverbien *her* (hier) und *der* (dort) verdeutlicht.

82 *slik* und *sånn*

1. *Slik* und *sånn* haben dieselbe Bedeutung (solcher). Es besteht aber die Tendenz, dass *slik* vorwiegend in der Schriftsprache verwendet wird, während *sånn* in der gesprochenen Sprache überwiegt:

Maskulinum	slik	sånn	solcher
Femininum	slik	sånn	solche
Neutrum	slikt	sånt	solches
Plural	slike	sånne	solche

En *slik/sånn* unnskyldning ville jeg aldri godta. Et *slikt/sånt* teaterstykke har jeg aldri sett før. *Slike/sånne* folk ser man sjelden.	Eine *solche* Entschuldigung würde ich niemals annehmen. Ein *solches* Theaterstück habe ich noch nie zuvor gesehen. *Solche* Menschen sieht man selten.

2. Im Norwegischen wird auch dann die flektierte Form verwendet, wenn *sånn/slik* vor dem unbestimmten Artikel oder vor einem attributiven Adjektiv steht und im Deutschen die flexionslose Form *solch* verwendet wird:

Det var *slike/sånne* utrolig opplevelsesrike dager! *Slikt/sånt* fint vær hadde vi ikke ofte.	Das waren *solch* unglaublich erlebnisreiche Tage! *Solch* herrliches Wetter haben wir nicht oft gehabt.

83 *selv*

Jeg har laget eksemplene *selv*.	Ich habe die Beispiele *selbst* gemacht.

Anmerkung: Die Form *selve* kommt auch mit der Bedeutung *der eigentliche* vor:

Vi bor utenfor *selve* bykjernen.	Wir wohnen außerhalb des *eigentlichen* Ortskerns.

samme 84

Das norwegische Demonstrativpronomen *samme* kann im Deutschen sowohl mit *der/die/dasselbe* und *dieselben* als auch mit *der/die/das gleiche/die gleichen* wiedergegeben werden. Es wird im Unterschied zum Deutschen nicht dekliniert. Das folgende Substantiv kann sowohl in der unbestimmten als auch in der bestimmten Form stehen:

Jeg skal reise med det *samme* flyet/ *samme* fly som deg.	Ich fliege mit *demselben* Flugzeug wie du.
Vi er født på *samme* dag/ den *samme* dagen.	Wir sind an *demselben/ dem gleichen* Tag geboren.
De har alle de *samme* urealistiske forhåpningene.	Sie haben alle *dieselben/ die gleichen* unrealistischen Hoffnungen.

Relativpronomen

Keine Deklination im Norwegischen 85

Das norwegische Relativpronomen *som* wird im Unterschied zum Deutschen nicht dekliniert:

Per bor i en leilighet *som* ligger i andre etasje.	Per wohnt in einer Wohnung, *die* sich im ersten Stockwerk befindet.
Lena sitter på en stol *som* hun har fått av besteforeldrene sine.	Lena sitzt auf einem Stuhl, *den* sie von ihren Großeltern bekommen hat.
Hytta har egen båt *som* dere får benytte.	Zur Hütte gehört ein eigenes Boot, *das* ihr benutzen dürft.
Smertene *som* jeg fikk i går, er ennå ikke borte.	Die Schmerzen, *die* ich gestern bekommen habe, sind noch immer nicht weg.

Anmerkung:
Im Gegensatz zum Deutschen kann das norwegische Relativpronomen zu einem untergeordneten Nebensatz oder einer Infinitivkonstruktion gehören:

Hun hadde ønsket at de skulle kjøpe den nye komputeren. → Den nye komputeren *som* hun hadde ønsket *at de skulle kjøpe*,...	Sie hatte sich gewünscht, dass sie sich den neuen Computer kaufen würden. (* Der neue Computer, den sie gewünscht hatte, dass sie sich kaufen würden, ...)
Hun hadde ønsket å kjøpe den nye komputeren til ham. → Den nye komputeren *som* hun hadde ønsket *å kjøpe til ham*, ...	Sie hätte sich gewünscht, ihm den neuen Computer zu kaufen. (* Der neue Computer, den sie gewünscht hatte, ihm zu kaufen, ...)

86 Ausgelassenes Relativpronomen

Im Norwegischen kann das Relativpronomen ausgelassen werden, wenn es nicht Subjekt des Satzes ist. Im Deutschen dagegen muss es immer verwendet werden:

Genseren (*som*) jeg kjøpte i forgårs, er kjempefin.	Der Pullover, *den* ich vorgestern gekauft habe, ist toll.
Boka (*som*) du gav meg, var veldig interessant.	Das Buch, *das* du mir gegeben hast, war sehr interessant.

87 Präposition am Ende des Satzes

Wird mit dem Relativpronomen eine Präposition verknüpft, steht diese im Norwegischen immer am Ende des Satzes, unabhängig davon, ob das Relativpronomen ausgelassen wird oder nicht. Im Deutschen dagegen steht sie immer direkt vor dem Relativpronomen:

Huset *som* jeg bor *i*, er mitt.	Das Haus, *in dem* ich wohne, gehört mir.
Vitsen jeg lo *av*, var virkelig morsom.	Der Witz, *über den* ich gelacht habe, war wirklich lustig.
Jentene, *som* jeg akkurat fortalte *om*, står der borte.	Die Mädchen, *von denen* ich eben erzählt habe, stehen da drüben.

88 Keine Wiederholung des Personalpronomens

In Verbindung mit einem Personalpronomen wird das Personalpronomen im Unterschied zum Deutschen nicht noch einmal nach dem Relativpronomen wiederholt:

Jeg *som* er så liten, måtte stå på en taburett.	Ich, *die ich* so klein bin, musste auf einem Hocker stehen.
Du *som* sitter der borte, må snakke litt tydeligere.	Du, *der du* dort drüben sitzt, musst etwas deutlicher sprechen.

89 *hvem som, hva som, hvilken som*

In Nebensätzen, in denen *hvem* (wer), *hva* (was) und *hvilken* (welcher) Subjekt ist, muss im Norwegischen das Relativpronomen *som* eingefügt werden:

Han spurte *hvilken som* var best.	Er fragte, *welches* am besten sei.
Jeg vet ikke *hvem som* kommer.	Ich weiß nicht, *wer* kommt.
Jeg vet ikke *hva som* er i veien.	Ich weiß nicht, *was* los ist.

den som, det som, de som 90

1. *Den som* entspricht im Deutschen *wer*:

Den som ler sist, ler best.	*Wer* zuletzt lacht, lacht am besten.
Den som intet våger, intet vinner.	*Wer* nicht wagt, gewinnt nicht.
Den som ikke vil høre, må føle.	*Wer* nicht hören will, muss fühlen.

2. *Den som* kann im Deutschen auch mit *derjenige*, *der* wiedergegeben werden:

Den som har gjort det, skal melde seg.	*Derjenige*, *der* das getan hat, soll sich melden.

3. *De som* entspricht im Deutschen *diejenigen*, *die*:

De som vil ha noe å drikke, må komme hit.	*Diejenigen*, *die* etwas zu trinken haben möchten, müssen hierher kommen.

4. Das neutrale *det som* kann im Deutschen mit (*das*) *was* wiedergegeben werden:

Det som du sier, er sant.	*Was* du sagst, ist wahr.

5. *Det som* kann auch durch *hva* ersetzt werden, vor allem in der Schriftsprache:

Hva du sier, er sant.	*Was* du sagst, ist wahr.

noe (*som*) 91

Noe (som) weist entsprechend dem deutschen *was* auf den Inhalt eines vorhergehenden oder nachfolgenden Satzes hin:

De skulle reise hjem i dag, *noe (som)* alle syntes var trist.	Sie sollten heute nach Hause fahren, *was* für alle traurig war.
Noe (som) hun aldri kunne glemme, var at det skjedde en ulykke på fødselsdagen hennes.	*Was* sie niemals vergessen konnte, war, dass an ihrem Geburtstag ein Unfall passiert ist.

Die Genitivform *hvis* 92

Die Genitivform *hvis* entspricht im Deutschen *dessen/deren:*

En mann *hvis* kone er død kaller man enkemann.	Einen Mann, *dessen* Frau gestorben ist, nennt man Witwer.

Die Genitivform *hvis* wird aber im Norwegischen heute kaum noch verwendet. Statt *hvis* werden andere Konstruktionen benutzt:

Bilen *som* hadde ei ødelagt dør, måtte på verksted.	Das Auto, *dessen* Tür kaputt war, musste in die Werkstatt.

Interrogativpronomen

93 *hvem*

Das norwegische Fragepronomen *hvem* (wer), das sich ebenso wie im Deutschen nur auf Personen bezieht, wird im Gegensatz zum Deutschen nicht dekliniert:

Hvem bor i dette huset? *Hvem* vil du snakke med? *Hvem* liker du best?	*Wer* wohnt in diesem Haus? Mit *wem* möchtest du sprechen? *Wen* magst du am liebsten?

94 *hva*

1. in der Bedeutung *was*:

Das Fragepronomen *hva* (was) bezieht sich nur auf Sachen, niemals auf Personen. Es wird in beiden Sprachen nicht dekliniert:

Hva har du tenkt å gjøre? *Hva* vil du ha, øl eller mineralvann?	*Was* hast du vor? *Was* möchtest du haben, Bier oder Mineralwasser?

2. in der Bedeutung *wie*:

Im Zusammenhang mit den Verben *hete* (heißen) und *kalle* (nennen) und in einigen festen Wendungen hat *hva* die Bedeutung *wie*:

Hva heter du? *Hva* kaller man det? *Hva* er klokka? *Hva* kommer det av?	*Wie* heißt du? *Wie* nennt man das? *Wie* spät ist es? *Wie* kommt das?

95 *hvilken*

Maskulinum	hvilken	welchen
Femininum	hvilken	welche
Neutrum	hvilket	welches
Plural	hvilke	welche

Hvilken dokke vil du ha? *Hvilket* hus bor du i? *Hvilke* epler kan du anbefale?	*Welche* Puppe möchtest du haben? In *welchem* Haus wohnst du? *Welche* Äpfel kannst du empfehlen?

1. Beachte, dass *hvilken* nicht wie das deutsche *welcher* als Relativpronomen gebraucht werden kann:

Byen, *som* hun flere ganger hadde vært i, ... Våre gamle tanter, *som* vi alle setter slik pris på, ...	Die Stadt, *welche* sie mehrmals besucht hatte, ... Unsere alten Tanten, *welche* wir alle so hoch schätzen, ...

2. Die Neutrumsform *hvilket,* die auf den Inhalt des vorhergehenden Satzes zurückweist, ist, entsprechend dem deutschen *was*, heute nicht mehr so gebräuchlich:

Vi skal snart ha ferie, *hvilket* vi selvsagt vet å verdsette.	Wir werden bald Urlaub machen, *was* wir natürlich zu schätzen wissen.

Heute zieht man in diesem Fall *noe (som)* (→ §91) vor:

Vi skal snart ha ferie, *noe* (*som*) vi selvsagt vet å verdsette.	Wir werden bald Urlaub machen, *was* wir natürlich zu schätzen wissen.

hva for en/ noen 96

Maskulinum	hva for en	welcher/ was für ein
Femininum	hva for ei	welche/ was für eine
Neutrum	hva for et	welches/ was für ein
Plural	hva for noen	welche/ was für welche

1. Anstelle von *hvilken* wird in der gesprochenen Sprache häufig *hva for en* verwendet:

Hva for en bil har du solgt? *Hva for ei* bok skriver du? *Hva for et* bilde har du malt? *Hva for noen* sigarer røyker du?	*Was für ein Auto* hast du verkauft? *Was für ein* Buch schreibst du? *Was für ein* Bild hast du gemalt? *Was für welche* Zigarren rauchst du?

2. Hva und *for en* kann ebenso wie die deutsche Konstruktion getrennt werden:

Hva er det *for et* problem du ikke kan snakke om?	*Was* ist das *für ein* Problem, über das du nicht sprechen kannst?

Indefinitpronomen

97 *all*

Maskulinum	all	aller
Femininum	all	alle
Neutrum	alt	alles
Plural	alle	alle

1. *All* und *alt* werden im Singular für nicht-zählbare Wörter (Kollektiva, Stoffbezeichnungen, Abstrakta) verwendet:

Alt ansvar lå hos henne. Han har *all* grunn til å være lykkelig.	*Alle* Verantwortung lag bei ihr. Er hat *allen* Grund, glücklich zu sein.

2. Das neutrale *alt* kann auch alleine stehen:

Alt er bra. *Alt* er som før.	*Alles* ist gut. *Alles* ist wie früher.

3. Im Plural wird in beiden Sprachen *alle* verwendet, um sämtliche Exemplare einer Menge zu bezeichnen:

Alle norske barn spiser geitost på brødet. *Alle* stolene er opptatt.	*Alle* norwegischen Kinder essen Ziegenkäse auf dem Brot. *Alle* Stühle sind besetzt.

98 *begge*

1. Das norwegische *begge* entspricht im Deutschen *beide*. Im Gegensatz zum Deutschen kann im Norwegischen aber vor *begge* niemals ein Artikel stehen:

Begge jentene har studert arkitektur.	*Beide* Mädchen/*Die beiden* Mädchen haben Architektur studiert.
I *begge* butikkene hadde de samme tilbudene.	In (*den*) *beiden* Geschäften hatten sie die gleichen Angebote.

2. Das norwegische *begge to* entspricht im Deutschen *alle beide*:

Begge to kan ha gjort det. Har du sett Jens og Eva? - Jeg har truffet *begge to*.	*Alle beide* können das getan haben. Hast du Jens und Eva gesehen? - Ich habe *alle beide* getroffen.

3. Spricht man über mehr generelle und unbestimmte Dinge, wird *begge deler* (beides) verwendet:

Snakker du italiensk eller spansk? *Begge deler*.	Sprichst du Italienisch oder Spanisch? *Beides*.

man 99

Man kann ebenso wie das deutsche Pronomen *man* nur als Subjekt stehen:

Hva skal *man* gjøre? *Man* vet aldri hva som kommer til å skje i framtida.	Was soll *man* machen? *Man* weiß nie, was die Zukunft bringen wird.

en 100

1. *En* kann ebenso wie *man* als Subjekt stehen:

Hva skal *en* gjøre? *En* kan bare håpe at han snart blir frisk igjen.	Was soll *man* machen? *Man* kann nur hoffen, dass er bald wieder gesund wird.

2. *En* kann aber auch als Objekt gebraucht werden und hat dann die Bedeutung *jemand*:

Det er *en* på døra som vil snakke med deg.	Es ist *jemand* an der Tür, der mit dir sprechen möchte.

hver 101

Maskulinum	hver	jeder
Femininum	hver	jede
Neutrum	hvert	jedes

1. Das unbestimmte Pronomen *hver* (jeder) wird nur im Singular benutzt. Das Substantiv, das dem Pronomen folgt, steht immer in der unbestimmten Form:

De spiste en softis *hver* dag. *Hvert* år reiser vi til Norge.	Sie aßen *jeden* Tag ein Softeis. *Jedes* Jahr fahren wir nach Norwegen.

2. *Hver* kann auch alleine stehen, aber nie am Satzanfang:

De fikk en gave *hver*.	Sie bekamen *jeder* ein Geschenk.

3. In Verbindung mit einem Possessivpronomen wird *hver* dekliniert:

Barna hadde *hvert* sitt rom. De gikk *hver* sin vei.	*Jedes* der Kinder hatte sein eigenes Zimmer. *Jeder* ging seinen eigenen Weg.

102 *noen*

Mask./ Fem: *noen*	Neutrum: *noe*	Plural: *noen*

Das Pronomen *noen* hat im Norwegischen verschiedene Bedeutungen und Funktionen. Es kann sowohl die deutschen unbestimmten Pronomen (*irgend*)*jemand*, (*irgend*)*etwas*, (*irgend*)*ein*/*e*/*r*, *einige* als auch *etwas* im Sinne von *ein wenig* wiedergeben:

Adjektivisch		
vor zählbaren Dingen u.ä.	Er det *noen* tannlege her i byen? Jeg har aldri sett *noen* elg i Norge. Er det *noe* hus i nærheten? Har du allerede fått *noen* nye venner? Kjenner du *noen* av gjestene?	Gibt es hier in der Stadt *(irgend)einen* Zahnarzt? Ich habe noch nie *einen* Elch in Norwegen gesehen. Gibt es *ein* Haus in der Nähe? Hast du schon *einige* neue Freunde gefunden? Kennst du *einige* der Gäste?
vor nicht-zählbaren Dingen	Er det *noe* melk og smør igjen?	Ist noch *etwas* Milch und Butter da?
vor Abstrakta	Er det *noe* håp om bedring? For *noen* tid siden traff jeg en gammel venn på gata.	Besteht *einige/ etwas* Hoffnung auf Besserung? Vor *einiger* Zeit traf ich einen alten Freund auf der Straße.
zur Bezeichnung von Tatbeständen	Det er *noe* helt nytt. Jeg må fortelle deg *noe* annet.	Das ist *etwas* ganz Neues. Ich muss dir *etwas* anderes erzählen.

Substantivisch		
zur Bezeichnung von Personen	Det kommer *noen.* Er det *noen* der? *Noen* liker ost, andre liker bedre syltetøy på brødet.	Es kommt *jemand.*/ Es kommen *einige*. Ist *jemand* da? *Einige* mögen Käse, andere mögen lieber Marmelade auf dem Brot.
zur Bezeichnung von Tatbeständen	Har det hendt *noe*? *Noe* bør man si om dette.	Ist *etwas* passiert? *Etwas* sollte man dazu sagen.

ikke noe, ikke noen und *ingen, ingenting* 103

1. Die verneinten Indefinitpronomina *keiner* und *nichts* lauten im Norwegischen *ikke noen* und *ikke noe*. In bestimmten Fällen kann *ikke noen* durch *ingen* und *ikke noe* durch *ingenting* ersetzt werden:

Maskulinum	ikke noen	ingen	keiner (u.a.)
Femininum	ikke noen	ingen	keine
Neutrum	ikke noe	ingenting	kein
Plural	ikke noen	ingen	keine

2. *Ingen* und *ingenting* können verwendet werden als

- Subjekt des Haupt- oder Nebensatzes:

Ingen (*ikke noen*) liker meg. *Ingen* (*ikke noen*) er som deg. Jeg vet at *ingenting* (*ikke noe*) blir som det var.	*Niemand/ keiner* mag mich. *Niemand/ keiner* ist wie du. Ich weiß, dass *nichts* wieder so wird, wie es war.

- Objekt in Hauptsätzen mit einfachem Prädikat:

Jeg har *ingen* (*ikke noen*) bil. Jeg vet *ingenting* (*ikke noe*).	Ich besitze *kein* Auto. Ich weiß *nichts*.

Beachte, dass *ingen* in allen o.g. Fällen durch *ikke noen* und *ingenting* durch *ikke noe* ersetzt werden kann. Als Subjekt wird *ingen/ingenting* jedoch häufiger verwendet als *ikke noen/noe*.

3. In einigen Fällen muss *ikke noen/noe* gebraucht werden,

- wenn es Objekt eines Hauptsatzes mit zusammengesetztem Prädikat ist:

Jeg har *ikke* truffet *noen* av vennene. Jeg har *ikke* sett *noe*.	Ich habe *keine* Freunde getroffen. Ich habe *nichts* gesehen.

- wenn es Objekt des Nebensatzes ist:

Hun fortalte at hun *ikke* har hørt *noe*. Han sier at han *ikke* vil snakke med *noen*.	Sie berichtete, dass sie *nichts* gehört habe. Er sagt, dass er mit *niemandem* sprechen wolle.

Kapitel 8 Verben

Einleitung

104 Infinite Verbformen

Das Norwegische unterscheidet ebenso wie das Deutsche zwischen den drei infiniten Verbformen[6] Infinitiv, Partizip Präsens und Partizip Perfekt. Die infiniten Formen bilden zusammen mit einem Hilfsverb die zusammengesetzten Tempusformen (→ §109).

105 Infinitiv
(→ §§152-156)

Mehrsilbige Verben bilden den Infinitiv, d.h. die Grundform des Verbs, durch Anhängung des Endungsmorphems *-e* an den Stamm:

å les*e*, å sov*e*, å skriv*e*	zu les*en*, zu schlaf*en*, zu schreib*en*

Einsilbige Verben, die auf einen betonten Vokal enden, weisen im Infinitiv keine Endung auf:

å få, å gå, å bo	zu bekommen, zu gehen, zu wohnen

106 Partizip Präsens
(→ §§157-159)

Das Partizip Präsens wird gebildet, indem die Endung *-ende* an den Stamm angehängt wird:

syng*ende*, ligg*ende*, les*ende*	sing*end*, lieg*end*, les*end*

107 Partizip Perfekt
(→ §160)

Das Partizip Perfekt wird gebildet, indem ein Endungsmorphem an den Stamm tritt. Starke Verben haben, von wenigen Ausnahmen abgesehen (→ §127), auch Vokalwechsel.

Die Flexionsmorpheme lauten, je nachdem, zu welcher Klasse das Verb gehört, *-et, -a, -t, -d, -dd, -tt* oder *-dt*:

dans*et*/dans*a*, lek*t*,	*ge*tanz*t*, *ge*spiel*t*,
svev*d*, blø*dd*,	*ge*schweb*t*, *ge*blut*et*,
gå*tt*, be*dt*	*ge*gang*en*, *ge*bet*en*

[6] Verbformen, die - im Gegensatz zu den finiten Verbformen - nicht allein, sondern nur zusammen mit einem anderen Hilfsverb das Prädikat bilden können, werden infinite Verbformen genannt.

Finite Verbformen 108

Die finiten Verbformen werden im Norwegischen ebenso wie im Deutschen nach Tempus (→ §§109, 132) und Genus verbi (Aktiv/Passiv → §§162-168) konjugiert.
Im Gegensatz zum Deutschen hat das moderne Norwegisch kaum Moduskonjugation (→ §150).
Ein wichtiger Unterschied zum Deutschen besteht darin, dass das Norwegische keine Person- und Numerusunterscheidung trifft. Die Endungen lauten für alle Personen im Singular und Plural gleich.
Im Präsens bekommen alle Verben die Endung *-(e)r*. Zwei wichtige Ausnahmen bilden die Modalverben (→ §§143-147), die keine Endung aufweisen, und die *s*-Verben (→ §§169,170), die auf *-(e)s* enden.
Im Präteritum erhält das Verb je nach Zugehörigkeit zur Verbklasse die Endung *-et/-a, -te, -de, -dde* oder keine Endung.

Präsens		Präteritum	
jeg lek*er*	ich spiele	jeg lek*te*	ich spiel*te*
du lek*er*	du spiel*st*	du lek*te*	du spiel*test*
han lek*er*	er spiel*t*	han lek*te*	er spiel*te*
vi lek*er*	wie spiel*en*	vi lek*te*	wir spiel*ten*
dere lek*er*	ihr spiel*t*	dere lek*te*	ihr spiel*tet*
de lek*er*	sie spiel*en*	de lek*te*	sie spiel*ten*

Tempus 109

Das Norwegische hat ebenso wie das Deutsche die zwei finiten Verbformen Präsens und Präteritum. Bei den zusammengesetzten Tempusformen Perfekt, Plusquamperfekt, Futur I und Futur II steht das Hilfsverb in der finiten, das Vollverb in der infiniten Form.

Präsens	Han spiller.	Er spielt.
Präteritum	Han spilte.	Er spielte.
Perfekt	Han har spilt.	Er hat gespielt.
Plusquamperfekt	Han hadde spilt.	Er hatte gespielt.
Futur I	Han skal spille.	Er wird spielen.
Futur II	Han skal ha spilt.	Er wird gespielt haben.

Genus Verbi (Aktiv/Passiv) 110

Das Zustandspassiv wird wie im Deutschen mit dem Hilfsverb *være* (sein) + Partizip Perfekt des Vollverbs gebildet.
Das Vorgangspassiv kann im Norwegischen auf zwei unterschiedliche Weisen gebildet werden:

1. wie im Deutschen mit dem Hilfsverb *bli* (werden) + Partizip Perfekt des Vollverbs (*bli*-Passiv → §§164, 165)

2. im Gegensatz zum Deutschen mit der Endung *-s* (*s*-Passiv → §§164, 166):

Aktiv	Jeg leser avisen.	Ich lese die Zeitung.
Zustandspassiv	Avisen er lest.	Die Zeitung ist gelesen.
bli-Passiv	Avisen blir lest.	Die Zeitung wird gelesen.
s-Passiv	Avisen leses.	Die Zeitung wird gelesen.

111 Modus

Ein sehr wichtiger Gegensatz zum Deutschen besteht darin, dass die norwegischen Verben kaum Modusflexion aufweisen (→ §§142,150).

Im Unterschied zum Deutschen hat der Imperativ (→ §148) im Norwegischen nur eine Form, die identisch mit dem Infinitivstamm ist:

Kom!	Komm!/Kommt!/Kommen Sie!

Der Konjunktiv (→ §150) taucht nur in einigen wenigen festen Redewendungen auf, die alle Wünsche ausdrücken:

Leve Kongen!	Es lebe der König!

Die gebräuchlichen, finiten Verbformen Indikativ zu nennen, ist zwar formal gesehen korrekt, aber irreführend, weil diese Formen sowohl in indirekter Rede (→ §151,3) verwendet werden, als auch Nichtwirklichkeit (→ §151,2) ausdrücken können.

112 Das Formensystem

Die Verben werden in Hilfsverben und Vollverben eingeteilt. Die Hilfsverben lassen sich weiter nach semantischen Kriterien in temporale und modale Hilfsverben untergliedern, die Vollverben nach morphologischen Gesichtspunkten in schwache und starke Verben. Im Norwegischen ist es nicht sehr sinnvoll, von regelmäßigen und unregelmäßigen Verben zu sprechen, da die schwachen, d.h. die "regelmäßigen" Verben in mehrere Klassen untergliedert werden müssen (→ §114).

113 Hilfsverben

1. Temporale Hilfsverben:

Infinitiv	Präsens	Präteritum	Part. Perf.
være (sein)	er	var	vært
bli (werden/bleiben)	blir	ble	blitt
ha (haben)	har	hadde	hatt

2. Modale Hilfsverben (Modalverben)(→ §§143-147):

Infinitiv	Präsens	Präteritum	Part. Perf.
skulle (sollen)	skal	skulle	skullet
kunne (können)	kan	kunne	kunnet
ville (wollen)	vil	ville	villet
måtte (müssen)	må	måtte	måttet
burde („sollten")	bør	burde	burdet

Vollverben

Schwache Verben 114

	Infinitiv	Präsens	Präteritum	Part. Perf.
Klasse 1 *-et/-a*	kaste (werfen)	kaster	kast*et*/ kast*a*	kastet/ kasta
Klasse 2a *-te*	leke (spielen)	leker	lek*te*	lekt
Klasse 2b *-de*	sveve (schweben)	svever	svev*de*	svevd
Klasse 2c Vokalwechsel *-te/de*	følge (folgen)	følger	fulg*te*	fulgt
Klasse 3 *-dde*	blø (bluten)	blør	blø*dde*	blødd

Anmerkung: Die folgenden Listen der Verbklassen sind nach dem Schema *Infinitiv - Präsens - Präteritum - Partizip Perfektum* angeordnet.

Klasse 1 (Präteritum endet auf *-et/-a*) 115

Dieses ist die umfangreichste Gruppe im Norwegischen. Die Endungen *-et* und *-a* im Präteritum und Partizip Perfekt sind gleichgestellt.
In der Praxis wird die Endung *-a* vor allem in der gesprochenen Sprache verwendet, während die Form *-et* im schriftlichen Sprachgebrauch dominiert.
Hierzu gehören die meisten Verben, deren

1. Stamm auf zwei Konsonanten endet:

he*nt*e	(holen)	henter	hentet/henta	hentet/henta
ho*pp*e	(springen)	hopper	hoppet/hoppa	hoppet/hoppa
hu*sk*e	(erinnern)	husker	husket/huska	husket/huska
la*st*e	(laden)	laster	lastet/lasta	lastet/lasta
re*tt*e	(korrigieren)	retter	rettet/retta	rettet/retta
sna*kk*e	(sprechen)	snakker	snakket/snakka	snakket/snakka
su*lt*e	(hungern)	sulter	sultet/sulta	sultet/sulta
ve*dd*e	(wetten)	vedder	veddet/vedda	veddet/vedda

2. Stamm auf einen einzelnen Konsonanten (*-b, -d* oder *-t*) endet:

ba*d*e	(baden)	bader	badet/bada	badet/bada
la*d*e	(laden)	lader	ladet/lada	ladet/lada
ha*t*e	(hassen)	hater	hatet/hata	hatet/hata
ma*t*e	(füttern)	mater	matet/mata	matet/mata
kle*b*e	(kleben)	kleber	klebet/kleba	klebet/kleba

116 Klasse 2a (Präteritum endet auf *-te*)

Hierzu gehören:

1. viele Verben, deren Stamm auf einen einzelnen Konsonanten endet:

hø*r*e	(hören)	hører	hørte	hørt
kjø*p*e	(kaufen)	kjøper	kjøpte	kjøpt
li*k*e	(gefallen)	liker	likte	likt
me*n*e	(meinen)	mener	mente	ment
mø*t*e	(begegnen)	møter	møtte	møtt
smi*l*e	(lächeln)	miler	smilte	smilt
vi*s*e	(zeigen)	viser	viste	vist

2. Verben, deren Stamm auf *-ll, -mm, -ld, -nd* oder *-ng* endet:

se*nd*e	(schicken)	sender	sendte	sendt
sky*ld*e	(schulden)	skylder	skyldte	skyldt
sti*ll*e	(stellen)	stiller	stilte	stilt
svø*mm*e	(schwimmen)	svømmer	svømte	svømt
tre*ng*e	(brauchen)	trenger	trengte	trengt

117 Klasse 2b (Präteritum endet auf *-de*)

Hierzu gehören:

1. Verben, deren Stamm auf *-v* oder *-g* endet:

du*g*e	(taugen)	duger	dugde	dugd
le*v*e	(leben)	lever	levde	levd

2. Verben, deren Stamm auf die Diphthonge *-ei* oder *-øy* endet:

b*øy*e	(biegen)	bøyer	bøyde	bøyd
t*øy*e	(dehnen)	tøyer	tøyde	tøyd
gr*ei*e	(schaffen)	greier	greide	greid
l*ei*e	(mieten)	leier	leide	leid

Klasse 2c (Vokalwechsel und Präteritum endet auf *-te*/*-de*) 118

Hierzu gehören folgende Verben:

bringe	(bringen)	bringer	brakte	brakt
fortelle	(erzählen)	forteller	fortalte	fortalt
følge	(folgen)	følger	fulgte	fulgt
gjøre	(machen)	gjør[7]	gjorde	gjort
legge	(legen)	legger	la[8]	lagt
selge	(verkaufen)	selger	solgte	solgt
si	(sagen)	sier	sa	sagt
smøre	(schmieren)	smører	smurte	smurt
spørre	(fragen)	spør	spurte	spurt
velge	(wählen)	velger	valgte	valgt
vite	(wissen)	vet	visste	visst

Anmerkung: Einige Verben, die im Deutschen Vokalwechsel haben, gehören im Norwegischen zur Klasse 2a: *brenne - brente - brent* (brennen), *tenke - tenkte - tenkt* (denken), *vende - vendte - vendt* (wenden), *sende - sendte - sendt* (senden), *kjenne- kjente - kjent* (kennen), *renne - rente - rent* (rennen).

Klasse 3 (Präteritum endet auf *-dde*) 119

Dieses ist eine sehr kleine Gruppe, zu der einige wenige schwache einsilbige Verben gehören, die auf einen langen Vokal enden:

bry	(bemühen)	bryr	brydde	brydd
nå	(erreichen)	når	nådde	nådd
spå	(wahrsagen)	spår	spådde	spådd
så	(säen)	sår	sådde	sådd
tro	(glauben)	tror	trodde	trodd

Starke Verben 120

Die starken Verben können nach den Stammvokalen im Präteritum in sieben Hauptklassen eingeteilt werden:

	Infinitiv	Präs.	Prät.	Part. Perf.
Klasse 1 Stammvokal: *-e(i)*	drive (treiben) bite (beißen)	driver biter	dre(i)v be(i)t	drevet bitt
Klasse 2 Stammvokal: *-ø*	krype (kriechen) flyte (fließen)	kryper flyter	krøp fløt	krøpet flytt

[7] Beachte, dass *gjøre*, *spørre* und *vite* keine Endung im Präsens haben.
[8] Die ursprünglichen Präteritumsformen *lagde* und *sagde* (von *legge* und *si*) sind im modernen Norwegisch verschwunden.

Klasse 3 Stammvokal: *-a*	brekke (brechen) bære (tragen) briste (bersten)	brekker bærer brister	brakk bar brast	brukket båret bristet
Klasse 4 Stammvokal: *-o*	fare (fahren)	farer	for	fart
Klasse 5 Stammvokal: *-å*	ligge (liegen)	ligger	lå	ligget
Klasse 6 Stammvokal: *-i*	få (bekommen)	får	fikk	fått
Klasse 7 Kein Vokalwechsel	komme (kommen)	kommer	kom	kommet

121 Klasse 1 (Stammvokal im Präteritum ist *e(i)*)[9]

a) mit Vokalwechsel im Partizip Perfekt[10]:

drive	(treiben)	driver	drev	drevet
gripe	(greifen)	griper	grep	grepet
knipe	(kneifen)	kniper	knep	knepet
pipe	(pfeifen)	piper	pep	pepet
rive	(reißen)	river	rev	revet
skrike	(schreien)	skriker	skrek	skreket
skrive	(schreiben)	skriver	skrev	skrevet
snike	(schleichen)	sniker	snek	sneket
stige	(steigen)	stiger	steg	steget
svike	(sitzenlassen, die Treue brechen)	sviker	svek	sveket

b) ohne Vokalwechsel im Partizip Perfekt[11]:

bite	(beißen)	biter	bet	bitt
gli	(gleiten)	glir	gled	glidd
ri(de)	(reiten)	rir	red	ridd
slite	(reißen)	sliter	slet	slitt

[9] Die Formen mit Diphthong (*dreiv, greip, skreik* usw.) kommen relativ selten in der Schriftsprache vor.

[10] Der Infinitiv und das Partizip Perfekt haben unterschiedliche Stammvokale.

[11] Das Partizip Perfekt und der Infinitiv haben den gleichen Stammvokal.

Klasse 2 (Stammvokal im Präteritum ist *ø*[12]) 122

a) mit Vokalwechsel im Partizip Perfekt:

fly(ge)	(fliegen)	fly(ge)r	fløy	fløyet[13]
fryse	(frieren)	fryser	frøs	frosset
fyke	(im Winde fliegen)	fyker	føk	føket
krype	(kriechen)	kryper	krøp	krøpet
ryke	(rauchen)	ryker	røk	røket
skyve	(schieben)	skyver	skjøv	skjøvet
smyge	(sich schmiegen)	smyger	smøg	smøget
stryke	(streichen)	stryker	strøk	strøket

b) ohne Vokalwechsel im Partizip Perfekt:

flyte	(fließen)	flyter	fløt	flytt
nyte	(genießen)	nyter	nøt	nytt
skryte	(prahlen)	skryter	skrøt	skrytt
skyte	(schießen)	skyter	skjøt	skutt

Klasse 3 (Stammvokal im Präteritum ist *a*) 123

a) mit *u* im Partizip Perfekt:

binde	(binden)	binder	bandt	bundet
brekke	(brechen)	brekker	brakk	brukket
drikke	(trinken)	drikker	drakk	drukket
finne	(finden)	finner	fant	funnet
hjelpe	(helfen)	hjelper	hjalp	hjulpet
rekke	(reichen)	rekker	rakk	rukket
slippe	(loslassen)	slipper	slapp	sluppet
spinne	(spinnen)	spinner	spant	spunnet
sprekke	(platzen)	sprekker	sprakk	sprukket
springe	(springen)	springer	sprang	sprunget
stikke	(stechen)	stikker	stakk	stukket
strekke	(sich erstrecken)	strekker	strakk	strukket
synge	(singen)	synger	sang	sunget
synke	(sinken)	synker	sank	sunket
treffe	(treffen)	treffer	traff	truffet
trekke	(ziehen)	trekker	trakk	trukket
tvinge	(zwingen)	tvinger	tvang	tvunget
vinne	(gewinnen)	vinner	vant	vunnet

---

[12] *-au* ist auch möglich, aber sehr selten in der Schriftsprache.
[13] Die Form *flydd* ist auch möglich.

b) mit *å* im Partizip Perfekt:

bære	(tragen)	bærer	bar	båret
skjære	(schneiden)	skjærer	skar	skåret
stjele	(stehlen)	stjeler	stjal	stjålet

c) ohne Vokalwechsel im Partizip Perfekt:

briste	(bersten)	brister	brast	bristet
gidde	(über sich bringen)	gidder	gadd	giddet
klinge	(klingen)	klinger	klang	kling(e)t
kvekke	(erschrecken)	kvekker	kvakk	kvekket
lekke	(leck sein)	lekker	lakk	lekket
sitte	(sitzen)	sitter	satt	sittet
skjelve	(zittern)	skjelver	skalv	skjelvet

124 Klasse 4 (Stammvokal im Präteritum ist *o*)

dra	(ziehen)	drar	dro(g)	dratt/dd
fare	(fahren)	farer	for	fart
la	(lassen)	lar	lot	latt
le	(lachen)	ler	lo	ledd
slå	(schlagen)	slår	slo	slått
stå	(stehen)	står	sto(d)	stått
ta	(nehmen)	tar	tok	tatt
tillate	(zulassen)	tillater	tillot	tillatt

125 Klasse 5 (Stammvokal im Präteritum ist *å*)

ete	(fressen)	eter	åt	ett
ligge	(liegen)	ligger	lå	ligget
se	(sehen)	ser	så	sett

126 Klasse 6 (Stammvokal im Präteritum ist *i*)

få	(bekommen)	får	fikk	fått
gå	(gehen)	går	gikk	gått

127 Klasse 7 (kein Vokalwechsel*)*

falle	(fallen)	faller	falt	falt
gråte	(weinen)	gråter	gråt	grått
holde	(halten)	holder	holdt	holdt
komme	(kommen)	kommer	kom	kommet
løpe	(laufen)	løper	løp	løpt
sove	(schlafen)	sover	sov	sovet

Norwegische schwache Konjugation - Deutsche starke (unregelmäßige) Konjugation 128

Es gibt eine Reihe von Verben, die im Deutschen stark (unregelmäßig), im modernen Norwegisch jedoch schwach konjugiert werden:

befale	(befehlen)	befaler	befalte	befalt
berge	(bergen)	berger	berget	berget
blåse	(blasen)	blåser	blåste	blåst
fange	(fangen)	fanger	fanget	fanget
fekte	(fechten)	fekter	fektet	fektet
flette	(flechten)	fletter	flettet	flettet
gjære	(gären)	gjærer	gjæret	gjæret
grave	(graben)	graver	gravde[14]	gravd
heve	(heben)	hever	hevet	hevet
melke	(melken)	melker	melket	melket
prise	(preisen)	priser	priste	priste
rope	(rufen)	roper	ropte	ropt
råde	(raten)	råder	rådet	rådet
skape	(schaffen)	skaper	skapte	skapt
skje	(geschehen)	skjer	skjedde	skjedd
slipe	(schleifen)	sliper	slipte	slipt
smelte	(schmelzen)	smelter	smeltet	smeltet
stinke	(stinken)	stinker	stinket	stinket
støte	(stoßen)	støter	støtte	støtt
suge	(saugen)	suger	sugde	sugd
svelle	(schwellen)	sveller	svelte	svelt
svinge	(schwingen)	svinger	svingte	svingt
svømme	(schwimmen)	svømmer	svømte	svømt
trenge	(dringen)	trenger	trengte	trengt
treske	(dreschen)	tresker	tresket	tresket
vise	(weisen)	viser	viste	vist
vokse	(wachsen)	vokser	vokste	vokst

Norwegische starke Konjugation - Deutsche schwache (regelmäßige) Konjugation 129

Nur wenige Verben, die im Norwegischen die starke Konjugation aufweisen, werden im Deutschen schwach (regelmäßig) konjugiert:

le	(lachen)	ler	lo	ledd
lekke	(lecken)	lekker	lakk[15]	lekket
rekke	(reichen)	rekker	rakk	rukket
smyge	(sich schmiegen)	smyger	smøg	smøget
strekke	(strecken)	strekker	strakk	strukket

---

[14] Die Form *grov* ist auch möglich.

[15] Die Form *lekket* ist auch möglich.

Das Verb *få*

Das Verb *få* hat im Norwegischen sehr viele Bedeutungen und kann sowohl als Haupt- als auch als Hilfsverb verwendet werden.

130 *Få* als Hauptverb

1. mit der Bedeutung *bekommen/ erhalten*

Als Hauptverb hat *få* die Grundbedeutung *bekommen/ erhalten*:

Har du *fått* ny sykkel? Du vil *få* nærmere beskjed fra meg siden.	Hast du ein neues Fahrrad *bekommen*? Du wirst später eine genauere Nachricht von mir *erhalten*.

2. mit der Bedeutung *schaffen/ gelingen/ fertigbringen*

Es gibt zahlreiche Redewendungen, in denen *få* etwas anderes als die Hauptbedeutung ausdrückt. In den meisten Fällen wird eine selbst beabsichtigte Handlung dargestellt.

a) mit feststehendem Objekt:

få bruk for noe	für etwas Verwendung finden
få fatt i noen	jemanden erreichen
få råd til noe	sich etwas leisten können
få slutt på noe	etwas beenden
u.a.	

De *fikk bukt med* problemene sine til slutt. Vi må *få slutt på* snøball-kastingen i skolegården med en gang.	Sie haben am Ende ihre Probleme bewältigen können. Es muss uns endlich gelingen, die Schneeballschlacht auf dem Schulhof zu beenden.

b) mit austauschbarem Objekt:

få noe av gårde	etwas wegbringen
få noe ned/ ned noe	etwas runterschlucken
få noe på en	jemanden einer Sache überführen
få noe til/ til noe	etwas schaffen/ fertigbringen
u.a.	

De *fikk* pakkene *av gårde* til postkontoret i siste minutt. Han *fikk til* å kle på seg selv allerede da han var to år.	Sie schafften es, die Pakete in letzter Minute zur Post zu bringen. Schon mit zwei Jahren schaffte er es, sich selbst anzuziehen.

c) mit Adverb/ Präposition:

få av (seg)/ på (seg) klær	Kleider aus-/ anziehen
få bort noe(n)	etwas/ jemanden wegschaffen
få i stand noe	etwas zustandebringen/ reparieren

Få av deg klærne i en fei!	Sieh zu, dass du dich schleunigst ausziehst!
Spørsmålet er om utsendingene i det hele tatt *får i stand* en fredsavtale.	Die Frage ist, ob die Beauftragten überhaupt ein Friedensabkommen zustandebringen können.

Få als Hilfsverb 131

1. *få* + Infinitiv mit der Bedeutung *müssen* (→ §145):

Jeg *får* spille stykket en gang til. De *får* gjøre som vi sier.	Ich *muss* das Stück noch einmal spielen. Sie *müssen* tun, was wir sagen.

Anmerkung: In Fragesätzen hat *få* nie die Bedeutung *müssen*: *Får* jeg spille stykket en gang til? (*Darf* ich das Stück noch einmal spielen?) (→ §144,2).

2. *få* + Infinitiv mit der Bedeutung *dürfen*:

Du *får* gjerne hjelpe meg. *Får* jeg gå på klassefesten?	Du *darfst* mir gerne helfen. *Darf* ich zur Klassenfete gehen?

Anmerkung: Der Ausdruck *få lov til å* kann in diesem Fall in der Regel *få* ersetzen: *Får* jeg *lov til å gå* på klassefesten?

3. *få* + Infinitiv mit der Bedeutung *nicht geplantes, zufälliges Ereignis*:

Studentene *fikk* plutselig høre at besvarelsene var forsvunnet.	Die Studenten haben plötzlich erfahren, dass die Klausuren verschwunden waren.
Ute på gata *fikk* de se to biler som kolliderte.	Draußen auf der Straße sahen sie zwei Autos, die aufeinandergeprallt waren.

4. *få* + Partizip Perfekt mit der Bedeutung *schaffen/ gelingen/ fertigbringen*:

Du *får* sikkert løst kryssord-oppgaven. Han *har fått* malt huset i sommer.	Du *schaffst* bestimmt, das Kreuzworträtsel zu lösen. Es *ist* ihm *gelungen*, in diesem Sommer sein Haus anzustreichen.

5. *få* + Partizip Perfekt als Ersatzpassiv (→ §167,1):

Deltakerne *fikk* forklart reglene.	Die Teilnehmer bekamen die Regeln erklärt.
Han *fikk* undersøkt lungene.	Er bekam die Lungen untersucht.

Anmerkung: In einigen Fällen entscheidet der Kontext allein, ob *få* die Bedeutung *schaffen/ gelingen* hat oder als Ersatzpassiv auftritt. Beispielsweise kann der Satz *Han har endelig fått reparert bilen* entweder die Bedeutung «Er hat endlich geschafft, das Auto zu reparieren» oder «Er hat endlich das Auto repariert bekommen» haben.

132 Die Verwendung der Tempusformen

Mit Hilfe der Tempusformen werden in erster Linie Zeitverhältnisse wie Gegenwart, Vergangenheit und Zukunft ausgedrückt. Daneben können auch modale Verhältnisse ausgedrückt werden. Im Norwegischen, das kaum Konjunktiv aufweist, haben die Tempusformen die Funktion der Konjunktivformen übernommen, wenn beispielsweise eine höfliche Aufforderung, ein Wunsch, eine irreale Aussage, o.ä. ausgedrückt werden soll (→ §151).

133 Präsens

Sowohl im Norwegischen als auch im Deutschen wird das Präsens verwendet

1. um auszudrücken, dass gerade etwas geschieht:

Han *løper* der.	Er *läuft* dort.
I dag *regner* det.	Heute *regnet* es.

2. bei gewohnheitsmäßigen, wiederkehrenden Handlungen in der Gegenwart:

Hun *leser* regelmessig i Bibelen.	Sie *liest* regelmäßig in der Bibel.
Hvert år *reiser* vi til Kragerø.	Jedes Jahr *fahren* wir nach Kragerø.

3. bei allgemeinen und allgemeingültigen Aussagen:

Mange nordmenn *snakker* tysk.	Viele Norweger *sprechen* Deutsch.
Jorda *dreier* seg om sin egen akse.	Die Erde *dreht* sich um ihre eigene Achse.

4. um Zukünftiges auszudrücken:

Hans *reiser* til Tromsø i morgen.	Hans *fährt* morgen nach Tromsø.
Snart *kommer* trekkfuglene tilbake.	Bald *kommen* die Zugvögel zurück.

5. in Befehlen:

Du *blir* der! Nå *er* det slutt!	Du *bleibst* da! Jetzt *ist* aber Schluss!

6. in der Vergangenheit, um eine ursprünglich im Präteritum stehende Erzählung lebendiger, dramatischer oder spannender zu gestalten (historisches oder dramatisches Präsens):

Alt var rolig, og passasjerene i bussen satt og halvsov. Da *bykser* en elg plutselig ut av skogen og inn på vegen. I 1905 *blir* Haakon valgt til konge i Norge.	Alles war ruhig, und die Buspassagiere saßen und dösten. Da *springt* plötzlich aus dem Wald ein Elch auf den Weg. 1905 *wird* Haakon zum König von Norwegen gewählt.

Anmerkung: Beachte, dass das deutsche Präsens im Norwegischen sowohl dem Präteritum (→ §134,3) als auch dem Perfekt (→ §135,2) entsprechen kann:

Dette *var* gøy. Jeg *har bodd* i Halden i to år nå.	Das *macht* Spaß. Seit zwei Jahren *wohne* ich in Halden.

Präteritum 134

1. Präteritum im Norwegischen und Deutschen

Sowohl im Norwegischen als auch im Deutschen wird das Präteritum gebraucht, um auszudrücken, dass etwas zu einem bestimmten Zeitpunkt oder innerhalb eines abgegrenzten Zeitraumes, der im Sprechzeitpunkt bereits abgeschlossen ist, geschehen ist:

Vi *kom* heldigvis hjem før det *begynte* å regne. Vi *bodde* i Berlin fra 1993 til 1995.	Glücklicherweise *kamen* wir nach Hause, ehe es *anfing* zu regnen. Von 1993 bis 1995 *wohnten* wir in Berlin.

2. Präteritum im Norwegischen - Perfekt im Deutschen

Ein wichtiger Unterschied besteht darin, dass im Norwegischen hier das Präteritum verwendet werden *muss*, während das Deutsche oft auch das Perfekt verwendet:

Jeg *besøkte* London i sommer. Som barn *gikk* hun ofte på kino.	Letzten Sommer *habe* ich London *besichtigt*. Als Kind *ist* sie oft ins Kino *gegangen*.

3. Präteritum im Norwegischen - Präsens im Deutschen

In impulsiven, oft gefühlsbetonten Aussagen der Gegenwart hat das Norwegische in einigen Fällen Präteritum, während das Deutsche Präsens verwendet:

Dette *smakte* virkelig godt! Den kjolen *kledde* deg!	Das *schmeckt* aber wirklich gut! Dieses Kleid *steht* dir!

Anmerkung 1:

Präteritum im Norwegischen - Konjunktiv im Deutschen (→ §151):

Var det mulig å få en kvittering?	*Wäre* es möglich, eine Quittung zu bekommen?
Hvis du *spurte* ham, *gjorde* han det nok.	Wenn du ihn *fragen würdest*, *würde* er es bestimmt *machen*.
Han sa at han ikke *hadde* penger.	Er sagte, dass er kein Geld *hätte*.

Anmerkung 2:

Perfekt im Norwegischen - Präteritum im Deutschen:

Beachte, dass im Deutschen in einigen Fällen das Präteritum auch dann benutzt werden kann, wenn im Norwegischen das Perfekt verwendet werden muss (→ §135):

Jeg *har* allerede *vært* to ganger på Vestlandet.	Ich *war* schon zweimal in Vestlandet.

135 Perfekt

1. Perfekt im Norwegischen und Deutschen

• Das Perfekt wird für Vergangenes verwendet, wenn der Zeitpunkt des Geschehens unbestimmt ist:

Har du *tatt* sertifikatet? Jeg *har vært* i London. Vi *har sett* filmen.	*Hast* du den Führerschein *gemacht*? Ich *bin* in London *gewesen*. Wir *haben* den Film *gesehen*.

• Das Perfekt wird auch dann bei einem bestimmten Zeitpunkt in der Vergangenheit verwendet, wenn die Handlung gerade abgeschlossen oder im Sprechzeitpunkt noch von Bedeutung ist:

Jeg *har sovet* dårlig i natt.	Ich *habe* heute Nacht schlecht *geschlafen*.

Vi *har arbeidet* hardt i hele dag.	Wir *haben* den ganzen Tag hart *gearbeitet.*
Ole *har* akkurat *dratt* til Bergen.	Ole *ist* gerade nach Bergen *gefahren.*

• Sobald aber eine bereits vergangene Handlung nicht länger aktuell oder von der Gegenwart klar getrennt ist, muss im Norwegischen das Präteritum verwendet werden, während im Deutschen in diesen Fällen auch das Perfekt stehen kann (→ §134,2):

Jeg *sov* godt i går natt.	Ich *habe* gestern Nacht gut *geschlafen.*
Vi *arbeidet* hardt i hele går.	Wir *haben* gestern den ganzen Tag hart *gearbeitet.*
Ole *dro* til Bergen for et par dager siden.	Ole *ist* vor einigen Tagen nach Bergen *gefahren.*

• Das Perfekt kann auch in beiden Sprachen für Zukünftiges verwendet werden, wenn eine Handlung beendet sein muss, bevor eine andere beginnen kann:

Når jeg *har spist*, skal jeg lese avisen.	Wenn ich *gegessen habe*, werde ich die Zeitung lesen.
Med en gang du *har gjort* leksene, kan du leke.	Sobald du deine Hausaufgaben *gemacht hast*, darfst du spielen.

2. Perfekt im Norwegischen - Präsens im Deutschen

Bei Ereignissen oder Zuständen, die zum Sprechzeitpunkt noch andauern, muss im Norwegischen immer das Perfekt verwendet werden, während das Deutsche in Verbindung mit der Präposition *seit* oder einem Zeitadverb wie *schon* oft das Präsens verwendet:

Hun *har arbeidet* i firmaet vårt siden 1992.	Seit 1992 *arbeitet* sie in unserer Firma.
De *har bodd* i Oslo i 30 år.	Sie *wohnen* schon 30 Jahre in Oslo.

3. Perfekt im Norwegischen - Präteritum im Deutschen

Im Norwegischen muss in Verbindung mit dem Verb *være* auch in solchen Fällen das Perfekt stehen, in denen im Deutschen in Verbindung mit Zeitadverbien wie *mal, immer* und *bisher* oft das Präteritum von *sein* verwendet wird:

Har du noen gang *vært* i Bodø?	*Warst* du schon einmal in Bodø?
Til nå *har* han alltid *vært* i godt humør.	Bisher *war* er immer guter Laune.

136 Plusquamperfekt

1. Plusquamperfekt im Norwegischen und Deutschen

Sowohl im Norwegischen als auch im Deutschen drückt das Plusquamperfekt aus, dass eine Handlung bereits vor einer anderen Handlung oder zu einem Zeitpunkt in der Vergangenheit abgeschlossen ist (Vorvergangenheit):

Hun *hadde lagt* seg i badekaret da telefonen ringte. I 1992 *hadde* jeg allerede *skrevet* ferdig boka.	Sie *war* in die Badewanne *gestiegen*, als das Telefon klingelte. 1992 *hatte* ich schon das Buch fertig *geschrieben*.

2. Plusquamperfekt im Norwegischen - Präteritum im Deutschen

Im Norwegischen muss das Plusquamperfekt verwendet werden, während das Deutsche in der Regel das Präteritum verwendet, wenn ein Ereignis, das einige Zeit angedauert hat und noch zu einem Zeitpunkt in der Vergangenheit andauert, zum Sprechzeitpunkt aber schon abgeschlossen ist (→ §135,2) :

I 1990 *hadde* jeg *bodd* i Münster i tre år allerede. Hun *hadde* allerede *arbeidet* i firmaet vårt i fire år på det tidspunktet.	1990 *wohnte* ich schon seit drei Jahren in Münster. Zu dem Zeitpunkt *arbeitete* sie schon seit vier Jahren in unserer Firma.

Anmerkung: Beachte, dass dem norwegischen Plusquamperfekt im Deutschen Konjunktivformen entsprechen können (→ §151):

Hadde det *vært* mulig å få en kvittering? Hvis du *hadde spurt* ham, *hadde* han nok *gjort* det.	*Wäre* es möglich, eine Quittung zu bekommen? Wenn du ihn gefragt *hättest*, *hätte* er es bestimmt *getan*.

137 Futur I

Das Futur I wird sowohl im Norwegischen als auch im Deutschen verwendet, um Zukünftiges auszudrücken:

Kari *skal*[16] *reise* til Lofoten i sommerferien. Jeg tror prisene *vil stige* i desember. Boka *kommer til å selge* godt.	Kari *wird* in den Sommerferien zu den Lofoten *fahren*. Ich glaube, dass die Preise im Dezember *steigen werden*. Das Buch *wird* sich gut *verkaufen*.

[16] Über die Verwendung von *vil/skal/komme til å* als Hilfsverb (→ §§139, 140).

Futur II 138

Das Futur II wird im Norwegischen verwendet, wenn eine Handlung zu einem Zeitpunkt in der Zukunft bereits abgeschlossen ist:

Bensinprisene *vil ha steget* til omlag 10 kroner før juni.	Die Benzinpreise *werden* vor Juni auf etwa 10 Kronen *angestiegen sein.*

Über die Verwendung von *skal* und *vil* als Hilfsverb im Futur 139

1. Zukunft oder Modalität

Wie die Beispiele in §§137, 138 zeigen, wird das norwegische Futur mit Hilfe der Modalverben *skal* und *vil* gebildet, die dann gleichzeitig sowohl Zukunft als auch Modalität ausdrücken können. Ein Satz wie *Jeg skal reise* oder *Jeg vil reise* hat deshalb abhängig vom Kontext unterschiedliche Bedeutung, je nachdem, ob das Zukünftige oder die Modalität hervorgehoben werden soll (→ §146, 147):

Jeg *skal* reise til Moss. Jeg *vil* reise til Moss.	Ich *werde/soll* nach Moss fahren. Ich *werde/will* nach Moss fahren.

2. Geplante Zukunft

• Um geplante Zukunft auszudrücken, d.h. dass im weitesten Sinne ein bewusster Wille oder Plan hinter dem, was geschehen wird, steckt, wird in der Alltagssprache normalerweise *skal* gewählt, während die formellere Sprache die Form *vil* bevorzugt:

Hans *skal* ta sertifikatet i neste uke. Regjeringen *vil* legge fram et forslag til ny boligbeskatning i neste måned.	Hans *wird* in der nächsten Woche den Führerschein machen. Die Regierung *wird* im nächsten Monat einen Gesetzentwurf zur neuen Nutzungswertbesteuerung vorlegen.

• In Sätzen mit konkreten Handlungsverben drückt die Form *skal* am deutlichsten die Zukunft aus, während die Form *vil* ebenso Wille wie Zukunft ausdrückt und im Deutschen in der Regel mit *wollen* übersetzt werden muss:

Jeg *skal* straks gjøre ferdig leksene. *Vil* du gjøre leksene etter middag? Selvsagt *vil* jeg hjelpe deg!	Ich *werde* sofort die Hausaufgaben fertig machen. *Willst* du nach dem Mittagessen die Hausaufgaben machen? Natürlich *will* ich dir helfen!

3. Nicht geplante Zukunft

• Wenn man ausdrücken will, dass etwas geschehen wird, ohne dass eine bewusste Absicht dahintersteckt, kann die Form *skal* nicht verwendet werden:

Vi *vil* ikke klare å gjøre ferdig arbeidet samme hva vi gjør.	Wir *werden* es nicht schaffen, die Arbeit zu beenden, egal was wir machen.
Det *vil* sikkert ta lang tid.	Das *wird* bestimmt lange dauern.
Vil det snø i morgen?	*Wird* es morgen schneien?

140 Andere Möglichkeiten, um Zukünftiges auszudrücken

1. Präsens als Zukunftsform

Ebenso wie im Deutschen wird im Norwegischen sehr häufig das Präsens gebraucht, um Zukunft auszudrücken.

Präsens wird oft verwendet

• wenn eine Zeitangabe im Satz steht:

Vi *flytter* til Hønefoss til neste år.	Nächstes Jahr *ziehen* wir nach Hønefoss um.
Brevet *kommer* nok snart.	Der Brief *kommt* bestimmt bald.

• in Temporal- und Konditionalsätzen:

Hvis du *drar* til Praha, må du se Karlsbroa.	Wenn du Prag *besuchst*, musst du die Karlsbrücke sehen.
Når du *går* hjemmefra, må du låse døra.	Wenn du deine Wohnung *verlässt*, musst du die Tür schließen.

2. Die Konstruktion *komme til å* + Hauptverb im Infinitiv

Die Konstruktion *komme til å* + Hauptverb im Infinitiv wird häufig in der gesprochenen Sprache und in der informellen Schriftsprache benutzt, um die Zukunft auszudrücken:

Jeg *kommer til å* si opp avisen.	Ich *werde* die Zeitung kündigen.
Hans *kommer* nok *til å* flytte hjem snart.	Hans *wird* bestimmt bald nach Hause ziehen.

Besonders oft kommt diese Ausdrucksweise in Sätzen vor, in denen man das Futur mit *skal* nicht verwenden kann (→ §139,3):

Det *kommer til å* ta lang tid.	Das *wird* lange dauern.
Kommer det *til å* snø i morgen?	*Wird* es morgen schneien?

Vergleich zwischen Zeitbezug und Tempusformen 141

ZEITBEZUG	TEMPUSFORMEN Präs. N D	Prät. N D	Perf. N D	Plusqu. N D	Fut.I N D	Fut.II N D
GEGENWART um auszudrücken:						
dass etwas jetzt geschieht (→ §133,1)	+ +					
dass etwas oft geschieht (→ §133,2)	+ +					
allgemeingültige Aussagen (→ §133,3)	+ +					
impulsive Aussagen (→ §134,3)	0 +	+ 0				
Ereignisse, die in der Vergangenheit begonnen haben (→ § 135,2)	0 +		+ 0			
VERGANGENHEIT um auszudrücken:						
bestimmter Zeitpunkt/ Zeitraum vom Sprechzeitpunkt klar getrennt (→ §§134,1)		+ +	0 +			
best. Zeitpunkt einer gerade abgeschlossenen oder zum Sprechzeitpunkt noch aktuellen Handlung			+ +			
unbestimmter Zeitpunkt (→ §§135,1, 135,3)		0 +	+ +			
Vorvergangenheit (→ §136,1)				+ +		
Handlung, die zu einem best. Zeitpunkt in der Vergangenheit geschehen ist, nun aber abgeschlossen ist (→ §136,2)		0 +		+ 0		
Dramatisierung	+ +					
ZUKUNFT um auszudrücken:						
ein zukünftiges Geschehen	+ +				+ +	
vollendete Zukunft (→ §§135,1, 138)			+ +			+ +

Zeichenerklärung:

N = Norwegisch
D = Deutsch

\+ = Tempusformen können verwendet werden
0 = Tempusformen können nicht verwendet werden

142 Modalität beim Verb

Modalität hat mit der Haltung des Sprechers zum Satzinhalt zu tun. Der Sprecher kann den Inhalt eines Satzes als ein Faktum, einen Befehl, einen Wunsch, als etwas Unsicheres oder nicht Realisierbares, usw. auffassen. Beim Verb wird die Modalität u.a. durch besondere Modalverben und Modusformen wie Imperativ und Konjunktiv ausgedrückt.

Modalverb

143 *burde*

burde im Norwegischen - Präteritum von *sollen* im Deutschen

• In Verbindung mit einem Rat oder einer Empfehlung werden häufig *bør* und *burde* verwendet, die der deutschen Präteritumform *sollte* entsprechen.

Die Präsensform *bør* wird verwendet, wenn man davon ausgeht, dass der Rat befolgt wird:

Du *bør* gjøre leksene bedre.	Du *solltest* die Hausaufgaben besser machen.

• Die Präteritumform *burde* wird verwendet, wenn man hervorheben will, dass es sich um einen guten Rat handelt:

Du *burde* gjøre leksene bedre.	Du *solltest* die Hausaufgaben besser machen.

• *bør* und *burde* können verwendet werden um auszudrücken, dass etwas möglich ist. Im Deutschen wird in diesem Fall oft das Präteritum von *sollen* bzw. der Konjunktiv von *müssen* benutzt:

Det *bør* gå bra. Det *burde* gå bra.	Es *sollte* klappen. Es *müsste* klappen.

144 *kunne*

1. *kunne* im Norwegischen - *können* im Deutschen

In Verbindung mit einer Fähigkeit oder Möglichkeit entspricht *kunne* im Deutschen *können*:

Mette *kan* snakke fransk. Det *kan* begynne å regne i morgen.	Mette *kann* Französisch sprechen. Morgen *kann* es anfangen zu regnen.

2. *kunne* im Norwegischen - *dürfen* im Deutschen

In Verbindung mit einer Erlaubnis entspricht *kunne* im Deutschen häufig *dürfen*:

Kan jeg låne toalettet? Du *kan* bruke bilen min.	*Darf* ich die Toilette benutzen? Du *darfst* mein Auto benutzen.

Anmerkung: Häufig benutzt man im Norwegischen anstelle von *kunne* das Verb *få*: *Får* jeg låne toalettet?

3. *kunne* im Norwegischen - *können/ mögen* im Deutschen

In Verbindung mit einer Annahme entspricht das Präsens von *kunne* im Deutschen *können* oder *mögen*:

Det *kan* være riktig. De *kan* ha glemt avtalen.	Das *mag* richtig sein. Sie *können* den Termin vergessen haben.

4. Präteritum von *kunne* im Norwegischen - Konjunktiv im Deutschen

• Bei Annahmen in der Gegenwart, mit denen eine gewisse Unsicherheit verbunden ist (→ §151,1):

Det *kunne være* riktig.	Das *könnte/ dürfte* richtig sein.

• Bei höflichen Aussagen in der Gegenwart (→ §151,1):

Kunne du sende meg osten?	*Könntest/ würdest* du mir den Käse reichen?
Kunne det bare slutte å regne!	*Würde* es bloß aufhören zu regnen!

måtte **145**

1. *måtte* im Norwegischen - *müssen* im Deutschen

In Verbindung mit einer Pflicht oder Notwendigkeit entspricht *måtte* im Deutschen *müssen*:

Nå *må* du sannlig slutte å røyke så mye! Tidligere *måtte* alle nordmenn levere selvangivelsen før 1. februar.	Nun *musst* du endlich mit dem vielen Rauchen aufhören! Früher *mussten* alle Norweger die Steuererklärung vor dem 1. Februar abgeben.

2. *måtte* im Norwegischen - *dürfen* im Deutschen

In Verbindung mit einem Adverb wie *gjerne* drückt *måtte* eine Erlaubnis aus und entspricht im Deutschen *dürfen*:

Dere *må* gjerne ta et stykke kake til.	Ihr *dürft* gerne noch ein Stück Torte nehmen.

146 *skulle*

1. *skulle* im Norwegischen - *werden* im Deutschen

Skulle wird als Hilfsverb im Futur I verwendet, wenn jemand etwas für die Zukunft geplant hat (→ §139,2):

Vi *skal feriere* på Bornholm i år.	Wir *werden* in diesem Jahr Urlaub auf Bornholm *machen*.
Eli *skal* snart *begynne* i en ny jobb.	Eli *wird* bald eine neue Stelle *antreten*.

2. *skulle* im Norwegischen - *sollen* im Deutschen

In folgenden Fällen entspricht dem norwegischen *skulle* das deutsche *sollen:*

• Regel, Vorschrift:

Du *skal* ikke stjele!	Du *sollst* nicht stehlen!
Alle elever *skal* være i seng før klokka ti.	Alle Schüler *sollen* vor zehn Uhr im Bett sein.

• Angebot in Fragen:
(auch *dürfen* im Deutschen möglich)

Hva *skal* det være?	Was *soll*/ *darf* es sein?
Skal pappa hjelpe deg?	*Soll* der Papa dir helfen?

• in Fragen mit *vi* (wir) als Subjekt:

Skal vi gå på kino?	*Sollen* wir ins Kino gehen?
Skal vi gifte oss?	*Sollen* wir heiraten?

Beachte, dass *skal* im Norwegischen hier fast obligatorisch ist, während das Deutsche oft *wollen* als Hilfsverb oder ein Hauptverb im Präsens gebraucht:

Skal vi gå hjem?	*Wollen* wir nach Hause gehen?/ *Gehen* wir nach Hause?

• Gerücht:

Han *skal* ha alle sparepengene sine under hodeputa.	Er *soll* seine gesamten Ersparnisse unter dem Kopfkissen haben.

• Versprechung:

Du *skal* få en stor overraskelse til jul.	Du *sollst* zu Weihnachten eine große Überraschung bekommen.

Skulle ist bei Versprechungen jedoch im Norwegischen gebräuchlicher als *sollen* im Deutschen, wo man oft das Futur I benutzt:

Dette *skal* du nok angre på!	Das *wirst* du bestimmt bereuen!

• Rat:

In Verbindung mit einem Rat kann man im Norwegischen das Präteritum von *skulle* benutzen (in Konkurrenz mit *burde* (→ §143)):

De *skulle* vente til de ble voksne nok.	Sie *sollten* warten, bis sie erwachsen genug sind.

3. *skulle* im Norwegischen - *können* im Deutschen

Das Präteritum von *skulle* kann verwendet werden, um auszudrücken, dass etwas möglich ist. Im Deutschen wird in diesem Fall oft der Konjunktiv II von *können* benutzt:

Det *skulle* være mulig.	Es *könnte* möglich sein.

ville **147**

1. *ville* im Norwegischen - *werden* im Deutschen

Ville wird als Hilfsverb im Futur I verwendet, in Verbindung mit einer Vermutung über die Zukunft (→ §139,3):

Det *vil* nok regne i morgen.	Morgen *wird* es bestimmt regnen.

2. *ville* im Norwegischen - *wollen*/ «*möchten*» im Deutschen

In Verbindung mit einem Wunsch:

Jeg *vil* helst ha en kopp te.	Ich *will*/ *möchte* am liebsten eine Tasse Tee haben.

3. *ville* im Norwegischen - Konjunktiv im Deutschen

In Verbindung mit Aussagen, mit denen eine gewisse Unsicherheit verbunden ist oder die sogar hypothetisch sind, wird oft das Präteritum von *ville* benutzt:

Det *ville* være en stor fordel. Hva *ville* du gjøre i et slikt tilfelle?	Das *wäre* ein großer Vorteil. Was *würdest* du in einem solchen Fall tun?

148 Imperativ

Der Imperativ wird sowohl im Norwegischen als auch im Deutschen verwendet, um einen Befehl, ein Verbot, eine Aufforderung oder ähnliches auszudrücken. Im Gegensatz zum Deutschen hat der Imperativ im Norwegischen nur eine Form, die mit dem Verbstamm identisch ist:

Kom hit!	*Komm* (*Kommt*/ *Kommen* Sie) hierher!
Hør etter!	*Hör* (*Hört*/ *Hören* Sie) zu!

149 Imperativ im Norwegischen - Infinitiv im Deutschen

Bei allgemeinen Aufforderungen wird im Norwegischen oft der Imperativ verwendet, während das Deutsche den Infinitiv gebraucht:

Vennligst ikke *parker* i her!	Bitte nicht hier *parken*!
Ta plass!	*Einsteigen*!

Nach dem Ausdruck *vær så snill* (bitte) kann man im Norwegischen zwischen dem Imperativ oder dem Infinitiv mit *å* wählen, während im Deutschen die Wahl zwischen dem Imperativ oder dem Infinitiv ohne *zu* besteht:

Vær så snill og *slutt*/	*Hör* bitte *auf*/
Vær så snill *å slutte*!	Bitte *aufhören*!
Vær så snill og *kom*/	*Komm* bitte/
Vær så snill *å komme*!	Bitte *kommen*!

150 Konjunktiv

Im modernen Norwegisch gibt es den Konjunktiv nur in einigen wenigen festen Wendungen, die alle eine höfliche Aufforderung oder einen Wunsch ausdrücken:

Leve kongen!	Es *lebe* der König!
Komme ditt rike.	Dein Reich *komme*.

Anstelle des Konjunktivs werden im Norwegischen indikative Tempusformen verwendet, die einen Modus mit Hilfe einer sogenannten Zeitverschiebung ausdrücken. Die Vergangenheitsformen Präteritum und Plusquamperfekt werden z.B. gebraucht, um Aussagen in der Gegenwart als irreal darzustellen (→ §151,2).

Tempusformen mit modaler Funktion im Norwegischen - Konjunktivformen im Deutschen 151

Um Modalität auszudrücken, verwendet das Norwegische in folgenden Fällen die Zeitverschiebung, während im Deutschen der Konjunktiv steht:

1. Vorsichtige, höfliche Aussagen, Wünsche

Um eine Aussage oder einen Wunsch als vorsichtig und höflich hervorzuheben, benutzt man im Norwegischen oft das Präteritum von *være*, *ha* und den Modalverben:

Var det mulig å få låne en paraply?	*Wäre* es möglich, einen Regenschirm zu leihen?
Hadde du tid et øyeblikk?	*Hättest* du einen Moment Zeit?
Kunne du hjelpe meg?	*Könnten* Sie mir helfen?
Måtte det være sant!	Wenn es bloß wahr *wäre*!

Anmerkung: Um den Modalcharakter zu verstärken, benutzt man besonders bei den Hilfsverben *være* und *ha* das Plusquamperfekt:
Hadde det *vært* mulig å få låne en paraply? *Hadde* du *hatt* tid et øyeblikk?

2. Hypothetische oder irreale Aussagen

• Um eine Aussage in der Gegenwart als hypothetisch, unwahrscheinlich oder irreal zu bezeichnen, benutzt man im Norwegischen normalerweise entweder das Präteritum oder das Plusquamperfekt:

Hvis jeg *vant* i Lotto, *ville* jeg *kjøpe* et hus./ Hvis jeg *hadde vunnet* i Lotto, *hadde* jeg *kjøpt* et hus.	Wenn ich im Lotto gewinnen *würde*, *würde* ich ein Haus *kaufen*.
Hvis du *var* lur, *holdt* du opp nå./ Hvis du *hadde vært* lur, *hadde* du *holdt* opp nå.	Wenn du schlau *wärest*, *würdest* du jetzt *aufhören*.

• In der Vergangenheit ist nur das Plusquamperfekt möglich:

Hvis han ikke *hadde hatt* på seg sikkerhetsselen, *hadde* han *fått* mye større skader.	Wenn er nicht angeschnallt *gewesen wäre*, *hätte* er viel größere Verletzungen *erlitten*.

3. Indirekte Rede

Bei der indirekten Rede wird im Deutschen der Konjunktiv verwendet, im Norwegischen dagegen eine Zeitverschiebung nach dem Muster der untenstehenden Tabelle:

direkte Rede in:	indirekte Rede:
1. Gegenwart	
PRÄSENS Jeg *er* syk, sa Lise. Ich bin krank, sagte Lise.	PRÄTERITUM Lise sa at hun *var* syk. Lise sagte, dass sie krank sei.
2. Vergangenheit	
PRÄTERITUM Jeg *var* syk, sa Lise. Ich war krank, sagte Lise. PERFEKT Jeg *har vært* syk, sa Lise Ich bin krank gewesen, sagte Lise. PLUSQUAMPERFEKT Jeg *hadde vært* syk, sa Lise Ich war krank gewesen, sagte Lise.	PLUSQUAMPERFEKT Lise sa at hun *hadde vært* syk. Lise sagte, dass sie krank gewesen sei.
3. Zukunft	
PRÄSENS DES HILFSVERBS Jeg *skal* flytte snart, sa Lise. Ich werde bald umziehen, sagte Lise.	PRÄTERITUM DES HILFSVERBS Lise sa at hun snart *skulle* flytte. Lise sagte, dass sie bald umziehen werde.

Die infiniten Verbformen

152 Infinitiv

Die Verwendung des Infinitivs im Norwegischen entspricht im großen und ganzen der Verwendung des Infinitivs im Deutschen.

Anmerkung: Beachte, dass der deutsche Infinitiv dem norwegischen Imperativ (→ §149) oder dem Partizip Präsens entsprechen kann (→ §158).

Auf dieselbe Weise wie die Infinitive im Deutschen mit oder ohne *zu* (reiner Infinitiv) stehen können, können die Infinitive im Norwegischen mit oder ohne *å* stehen.
Der Gebrauch des reinen Infinitivs und des Infinitivs mit *å* (zu) ist in beiden Sprachen in etwa gleich, aber es gibt auch einige Unterschiede.

Reiner Infinitiv in beiden Sprachen 153

Als Hauptverb nach den modalen Hilfsverben wird der reine Infinitiv verwendet:

Vil du *danse* med meg? Vi kan bare *håpe* på det.	Willst du mit mir *tanzen*? Wir können bloß darauf *hoffen*.

Infinitiv mit *å* (zu) 154

Sowohl im Norwegischen als auch im Deutschen wird der Infinitiv mit *å* (zu) verwendet:

- als Subjekt:

Å være menneske er ikke alltid like lett. *Å bygge et hus* blir ofte dyrere enn planlagt.	*Ein Mensch zu sein*, ist nicht immer leicht. *Ein Haus zu bauen*, wird häufig teurer als geplant.

Anmerkung: Im Deutschen kann in vielen Fällen *zu* ausgelassen werden, während im Norwegischen immer *å* stehen muss:

Det er ikke vanskelig *å bli far*!	*Vater werden* ist nicht schwer!

- als Objekt:

Vi glemte å *vanne blomstene.* Steinar håper *å vinne i Lotto.*	Wir haben vergessen, *die Blumen zu gießen.* Steinar hofft, *im Lotto zu gewinnen.*

Reiner Infinitiv im Norwegischen - Infinitiv mit *zu* im Deutschen 155

In folgenden Fällen wird im Norwegischen der reine Infinitiv verwendet, während das Deutsche den Infinitiv mit *zu* gebraucht:

- als Objekt nach dem Verb *be* (bitten):

Jeg må be dem *forlate* rommet med en gang.	Ich muss Sie bitten, das Zimmer sofort *zu verlassen.*

• bei Gleichstellung:

Bei Gleichstellung von Infinitiven ist das Infinitivzeichen im Norwegischen nur bei dem ersten Infinitiv obligatorisch:

De planla *å si opp* stillingene sine, *selge* huset og *dra* til Spania.	Sie planten, ihre Stellen *zu kündigen*, ihr Haus *zu verkaufen* und nach Spanien *zu ziehen*.

156 Infinitiv mit *å* im Norwegischen - reiner Infinitiv im Deutschen

1. In einigen mehr oder weniger festen sprichwörtlichen Redewendungen verwendet das Deutschen den reinen Infinitiv, während das Norwegische den Infinitiv mit *å* benutzt:

Å leve er å håpe. Det er menneskelig *å feile*.	*Leben* heißt hoffen. *Irren* ist menschlich.

2. Nach den Verben *lære* (lernen/lehren) und *hjelpe* (helfen) muss man im Norwegischen den Infinitiv mit *å* wählen, im Deutschen dagegen steht meistens der reine Infinitiv:

Thomas lærer *å snakke*. Lærerinna lærte ham *å lese*. Vi hjelper far *å vaske opp*.	Thomas lernt *sprechen*. Die Lehrerin lehrte ihn *lesen*. Wir helfen unserem Vater *spülen*.

3. Bei der Verwendung des Infinitivs anstelle des Imperativs (→ §149) steht im Norwegischen der Infinitiv mit *å*:

Vær så snill *å rydde*!	Bitte *aufräumen*!

Anmerkung: In einigen Fällen kann im Norwegischen nicht der Infinitiv anstelle des Imperativs stehen:

Vennligst *kjør* forsiktig!	Bitte langsam *fahren*!

4. Nach Verben der Bewegung muss im Norwegischen die Konstruktion *for å* vor dem Infinitiv stehen, wenn eine Absicht ausgedrückt werden soll:

Jens gikk *for å bade*. Katrine går *for å handle*. Jeg går *for å ringe*.	Jens ging *schwimmen*. Katrine geht *einkaufen*. Ich gehe *telefonieren*.

5. Häufig wird in solchen Fällen nicht der Infinitiv im Norwegischen benutzt, sondern eine Gleichstellungskonstruktion mit *og* + Verb:

Jens gikk *og badet*. Katrine går *og handler*. Jeg går *og ringer*.	Jens ging *schwimmen*. Katrine geht *einkaufen*. Ich gehe *telefonieren*.

6. Wird nicht eine Absicht, sondern die Art und Weise der Handlung betont, verwendet man häufig eine Konstruktion mit *være ute og* + Verb:

Eva *er ute og spaserer* med foreldrene sine. De *var ute og kjørte* i den nye bilen sin.	Eva *geht* mit ihren Eltern *spazieren.* Sie *fuhren* mit ihrem neuen Auto *spazieren.*

7. Um Zukünftiges auszudrücken, wird im Norwegischen oft die Konstruktion *komme til å* + Infinitiv benutzt (→ §140):

Jeg *kommer til å slutte.* Ole *kommer til å stryke* til eksamen. Kommer du til å gjøre det?	Ich *werde aufhören.* Ole *wird* bei der Prüfung *durchfallen.* *Wirst* du es *machen*?

Partizip Präsens

Partizip Präsens in beiden Sprachen 157

Das Partizip Präsens kann sowohl im Norwegischen als auch im Deutschen in folgenden Funktionen vorkommen:

1. als Adjektiv in attributiver Stellung:

De *ventende* pasientene begynte å bli utålmodige.	Die *wartenden* Patienten begannen ungeduldig zu werden.

Im Norwegischen werden häufiger als im Deutschen Relativsätze anstelle von solchen Partizipkonstruktionen verwendet: Patientene *som ventet*, begynte å bli utålmodige.
In den Fällen, in denen das Partizip im Deutschen eigene Erweiterungen hat (erweitertes Attribut), sind im Norwegischen Umschreibungen üblich und in vielen Fällen obligatorisch:

Pasientene, *som hadde ventet i flere timer*, begynte å bli utålmodige. Hun snakket et norsk *som var nesten umulig å forstå.*	*Die seit mehreren Stunden wartenden* Patienten begannen ungeduldig zu werden. Sie hat ein *kaum zu verstehendes* Norwegisch gesprochen.

2. als Adjektiv in prädikativer Stellung:

Barna dro *syngende* gjennom skogen.	Die Kinder zogen *singend* durch den Wald.

Auch hier werden im Norwegischen Umschreibungen anstelle von Erweiterungen des Partizips bevorzugt:

De *satt og snakket* alvorlig sammen på kaféen.	Ernste Gespräche *führend*, saßen sie im Café.

3. als Adverb:

Hun svarte henne *beroligende*.	Sie antwortete ihr *beruhigend*.

158 Partizip Präsens im Norwegischen - Infinitiv im Deutschen

Im Norwegischen steht das Hauptverb auch dann im Partzip Präsens, wenn das Deutsche den Infinitiv verwendet oder verwenden kann:

1. nach *bli* (bleiben) + Zustandsverb:

Hun ble *stående*. Eva ble *liggende* på sofaen.	Sie blieb *stehen*. Eva blieb auf dem Sofa *liegen*.

In einigen Fällen steht kein Infinitiv im Deutschen:

Hun *ble værende* hjemme hele sommerferien. Han *ble gående* som ungkar hele sitt liv.	Sie *blieb* die ganzen Sommerferien zu Hause. Er *blieb* sein ganzes Leben Junggeselle.

2. nach *ha* (haben) oder *finne* (finden) + einem Objekt:

Han hadde en stor kniv *hengende* i beltet. De fant henne *liggende* i senga.	Er hatte ein großes Messer am Gürtel *hängen*. Sie fanden sie im Bett *liegen*.

159 Partizip Präsens im Norwegischen - Partizip Perfekt im Deutschen

Nach dem Verb *komme* verwendet das Norwegische immer das Partizip Präsens des Hauptverbs, während das Deutsche das Partizip Perfekt des Bewegungsverbs benutzt:

Studentene kom *løpende*. Calle kom *kjørende* i volvoen sin.	Die Studenten kamen *angelaufen*. Calle kam in seinem Volvo *gefahren*.

Partizip Perfekt

Partizip Perfekt in beiden Sprachen 160

Das Partizip Perfekt wird gebraucht:

1. als Hauptverb im zusammengesetzten Prädikat:

Vi har *gjort* leksene. Alle hadde *lest* boka.	Wir haben die Hausaufgaben *gemacht.* Alle hatten das Buch *gelesen.*

2. in der Funktion eines Adjektivs:

Den *oppblåste* ballongen sprakk.	Der *aufgeblasene* Ballon ist geplatzt.

Ebenso wie beim Partizip Präsens sind im Norwegischen Umschreibungen üblicher als im Deutschen: Ballongen *som var oppblåst*, sprakk.
Das betrifft besonders das erweiterte Attribut, bei dem die Umschreibung normal und oft obligatorisch ist:

Den løsningen på problemet *som de fleste involverte* foretrakk, var dessverre for dyr. Vi besøkte et sinkverk *som var nedlagt* for tjue år siden.	Die *von den meisten Beteiligten bevorzugte* Lösung des Problems war leider zu teuer. Wir besuchten *eine vor zwanzig Jahren stillgelegte* Zinkhütte.

Partizip Perfekt im Norwegischen - Ersatzinfinitiv im Deutschen 161

Ein infinites Modalverb in Verbindung mit einem Hauptverb im Infinitiv steht im Deutschen ebenfalls im Infinitiv, im Norwegischen im Partizip Perfekt:

Jeg hadde *skullet* gjøre det.	Ich hätte es machen *sollen.*

Auch bei den Verben *heißen, lassen, sehen, fühlen, hören* und *helfen* ist in solchen Fällen der Ersatzinfinitiv möglich, während die entsprechenden norwegischen Verben immer im Partizip Perfekt stehen:

Vi har *hørt* henne spille et stykke av Grieg. Jeg har *sett* deg komme.	Wir haben sie ein Stück von Grieg spielen *hören.* Ich habe dich kommen *sehen.*

Anmerkung:
Imperativ im Norwegischen - Partizip Perfekt im Deutschen
Das Partizip Perfekt kann im Norwegischen nicht den Imperativ ersetzen:

Pass på!	Aufgepasst!

162 Passiv

1. Während im Aktiv das Geschehen von einem Täter, einem Handelnden, einem Verursacher (Agens) dargestellt wird, rückt im Passiv der Vorgang (Vorgangspassiv) oder der Zustand (Zustandspassiv) in den Mittelpunkt. Das direkte Objekt im Norwegischen und das entsprechende Akkusativobjekt im Deutschen wird Subjekt, wenn der Satz ins Passiv gesetzt wird:

Mannen *slo* hunden. → Hunden *ble slått* av mannen.	Der Mann *schlug* den Hund. → Der Hund *wurde* von dem Mann *geschlagen.*
En berømt kirurg *opererte* henne.	Ein berühmter Chirurg *hat* sie *operiert.*
→ Hun *ble operert* av en berømt kirurg.	→ Sie *wurde* von einem berühmten Chirurgen *operiert.*
→ Hun *er operert* av en berømt kirurg.	→ Sie *ist* von einem berühmten Chirurgen *operiert worden.*

2. Im Norwegischen kann auch das indirekte Objekt in einer Passivkonstruktion Subjekt werden, während das entsprechende deutsche Dativobjekt beibehalten wird:

Hun fortalte *ham* den tragiske historien. →	Sie erzählte *ihm* die tragische Geschichte. →
Han ble fortalt den tragiske historien av henne.	*Ihm* wurde die tragische Geschichte von ihr erzählt.
Rektor overrakte *henne* vitnesbyrdet. →	Der Direktor überreichte *ihr* das Zeugnis. →
Hun ble overrakt vitnesbyrdet av rektor.	*Ihr* wurde das Zeugnis vom Direktor überreicht.
Reiselederen forklarte *dem* vegen til stranda. →	Der Reiseleiter hat *ihnen* den Weg zum Strand erklärt. →
De ble forklart vegen til stranda.	*Ihnen* wurde der Weg zum Strand erklärt.

Anmerkung: Auch Pronomen und Substantive, die als Teile eines Präpositionsausdrucks fungieren, können im Norwegischen Subjekt einer Passivkonstruktion werden, während der Präpositionsausdruck im Deutschen beibehalten wird:

Foreldrene passet godt *på dem.* →	Die Eltern passten gut *auf sie* auf. →
De ble passet godt på.	*Auf sie* wurde gut aufgepasst.

3. Das Passiv wird im Norwegischen oft als steife und unpersönliche Ausdrucksweise angesehen, und in einigen norwegischen Lehrbüchern wird vor einem allzu häufigen Gebrauch gewarnt. Die Beschäftigung mit Textgrammatik hat allerdings dazu geführt, dass man heute positiver auf die Möglichkeiten, die das Passiv bietet, schaut.

Vorgangspassiv 163

	bli-Passiv	*s*-Passiv	
Infinitiv	bli malt	males	gemalt werden
Präsens	blir malt	males	wird gemalt
Präteritum	ble malt	(maltes)	wurde gemalt
Perfekt	er/ har blitt malt		ist gemalt worden
Plusquam-perfekt	var/ hadde blitt malt		war gemalt worden
Futur I	skal bli malt	skal males	wird gemalt werden
Futur II	skal ha/ være blitt malt		wird gemalt worden sein

bli-Passiv und *s*-Passiv 164

Im Norwegischen kann im Gegensatz zum Deutschen das Vorgangspassiv auf zwei Arten gebildet werden:

1. entweder wie im Deutschen mit dem Hilfsverb *bli* (werden) + Partizip Perfekt des Vollverbs (*bli*-Passiv):

Huset *blir malt.* Pasienten *blir operert.*	Das Haus *wird angestrichen.* Der Patient *wird operiert.*

2. oder durch das Endungsmorphem *-s* (*s*-Passiv):

Huset *males.* Pasienten *opereres.*	Das Haus *wird angestrichen.* Der Patient *wird operiert.*

Verwendung des *bli*-Passivs 165

Das *bli*-Passiv kann fast immer verwendet werden, und im modernen Norwegisch besteht die Tendenz, dass sich diese Form gegenüber der des *s*-Passivs durchsetzt.

1. Das *bli*-Passiv dominiert vor allem in den Vergangenheitsformen:

Banken *ble ranet* i går. Filmen *ble* godt *mottatt* av publikum. De *ble overrasket* av et fryktelig regnskyll.	Die Bank *wurde* gestern *überfallen.* Der Film *wurde* vom Publikum gut *aufgenommen.* Sie *wurden* von einem heftigen Regenschauer *überrascht.*

Fast keine starken Verben und nur einige wenige schwache Verben haben *s*-Formen in der Vergangenheit.

2. Das *bli*-Passiv dominiert außerdem im mündlichen Sprachgebrauch, und die Vergangenheitsformen des *s*-Passivs haben hier oft einen steifen und schriftsprachlichen Charakter.

166 Verwendung des *s*-Passivs

1. Das *s*-Passiv wird häufig nach modalen Hilfsverben gebraucht:

Signalet kunne *høres* i mils omkrets.	Das Signal konnte in einem sehr weiten Umkreis *gehört werden.*
Forslaget hans må *diskuteres.*	Sein Vorschlag muss *diskutiert werden.*
Spørsmålet hans kan ikke *tolkes* på denne måten.	Seine Frage kann in dieser Weise nicht *interpretiert werden.*

Anmerkung 1:
Im Norwegischen ist es nicht möglich, das modale Passiv durch einen modalen Infinitiv zu ersetzen, wie es im Deutschen der Fall ist:

Døra må åpnes.	Die Tür muss geöffnet werden. →
Døra må åpnes.	Die Tür *ist zu öffnen.*

Anmerkung 2:
In vielen Fällen wird der deutsche modale Infinitiv zu einem Attribut (Gerundiv). Die entsprechende Konstruktion im Norwegischen ist in der Regel ein Relativsatz mit modalem Passiv:

Følgende forskrifter skal overholdes: →	Folgende Vorschriften sind zu beachten: →
De forskriftene *som skal overholdes*, er følgende:	Die *zu beachtenden* Vorschriften sind folgende:

2. Das *s*-Passiv findet außerdem vor allem in Anweisungen, Regeln, Vorschriften, Rezepten, u.ä. Verwendung:

I dette kurset *legges* vekten på muntlig språktrening.	In diesem Kurs *wird* Wert *gelegt* auf mündliches Sprachtraining.
Det *kreves* obligatorisk fremmøte.	Es *wird* eine obligatorische Anwesenheit *gefordert.*
Løk og poteter *skjæres* i skiver.	Zwiebeln und Kartoffeln *werden* in Scheiben *geschnitten.*

1. *få* + Partizip Perfekt:

Han *fikk* bilen sin vasket. Kan jeg *få* gaven *pakket inn*?	Er *bekam* sein Auto *gewaschen.* Kann ich das Geschenk *eingepackt bekommen*?

Anmerkung 1:
Häufiger als im Norwegischen wird im Deutschen diese Konstruktion bei Verben gebraucht, die zwei Objekte bei sich haben, da man auf diese Weise die Möglichkeit hat, das Dativobjekt zum Subjekt zu machen:

Han fikk ei bok i gave.	Er *bekam* ein Buch *geschenkt.*

Im Norwegischen ist es nicht möglich zu sagen: * Han fikk gitt ei bok.

Anmerkung 2:
In einigen Fällen können solche norwegischen Konstruktionen ein indirektes Reflexivobjekt haben:

Hun *fikk seg forklart* reglene. Han *fikk seg tildelt* en ny arbeidsoppgave.	Er *bekam* die Regeln *erklärt.* Sie *bekam* eine neue Arbeitsaufgabe *zugewiesen.*

Anmerkung 3:
Auch beim Imperativ kann man im Norwegischen die Konstruktionen mit *få* verwenden:

Få vasket bilen før den gror helt over av skitt! *Få undersøkt* ørene dine med en gang!	*Lass* das Auto *waschen,* bevor es total verdreckt ist! *Lass* sofort deine Ohren *untersuchen*!

2. *la seg* + Infinitiv

Anstelle des modalen Passivs kann man sowohl im Norwegischen als auch im Deutschen eine Konstruktion mit *la seg* (sich lassen) + Infinitiv verwenden:

Det kan gjøres. → Det *lar seg gjøre.* Døra kan åpnes. → Døra *lar seg åpne.*	Das kann gemacht werden. → Das *lässt sich machen.* Die Tür kann geöffnet werden. → Die Tür *lässt sich öffnen.*

Im Norwegischen findet diese Form der Passivumschreibung seltener als im Deutschen Verwendung.

168 Zustandspassiv

1. Das Zustandspassiv (*være*-Passiv) wird wie im Deutschen mit dem Hilfsverb *være* (sein) + Partizip Perfekt des Vollverbs gebildet:

være-Passiv		
Infinitiv	være malt	gemalt sein
Präsens	er malt	ist gemalt
Präteritum	var malt	war gemalt
Perfekt	har vært malt	ist gemalt gewesen
Plusquamperfekt	hadde vært malt	war gemalt gewesen
Futur I	skal være malt	wird gemalt sein
Futur II	skal ha vært malt	wird gemalt gewesen sein

2. Das Zustandspassiv wird vorwiegend im Präsens und Präteritum verwendet und drückt häufig einen Zustand aus, der das Ergebnis einer Handlung, eines Vorgangs oder eines Prozesses darstellt:

Regningen *er* for lengst *betalt.*	Die Rechnung *ist* seit langem *bezahlt.*
Maten *var spist opp.*	Das Essen *war aufgegessen.*

Anmerkung 1: Zustandspassiv im Norwegischen - Vorgangspassiv im Deutschen

• Das Norwegische verwendet das Zustandspassiv auch in solchen Fällen, in denen in erster Linie über die unmittelbar vorausgegangene Handlung gesprochen wird, während das Deutsche in solchen Fällen das Vorgangspassiv vorzieht:

Hun *er* akkurat *operert.*	Sie *ist* gerade *operiert worden.*

• Auch im Norwegischen ist es aber möglich, das Vorgangspassiv zu verwenden, ohne dass es den Bedeutungsinhalt des Satzes in besonderem Maße ändert: Hun er akkurat *blitt* operert.

Anmerkung 2: Vorgangspassiv im Norwegischen - Zustandspassiv im Deutschen

• Die norwegische Konstruktion *måtte* + Vorgangspassiv kann nicht wie im Deutschen mit *ville* (wollen) + Zustandspassiv ersetzt werden:

Noe sånt *må trenes.*	So etwas *will geübt sein.*

• Im Norwegischen wird das Präteritum, das eine plötzliche Gemütsbewegung ausdrückt, mit *bli* gebildet, während das Deutsche in diesem Fall *sein* als Hilfsverb verwendet:

Ved synet av ham *ble* hun svært *forskrekket*.	Bei seinem Anblick *war* sie sehr *erschrocken*.

Das Partizip Perfekt hat hier jedoch fast adjektivische Funktion bekommen.

s-Verb

Neben dem *s*-Passiv hat das Norwegische einige *s*-Verben mit aktiver Bedeutung. Einige davon sind im Deutschen reflexive Verben.

s-Verb mit aktiver Bedeutung 169

Hierzu gehören u.a. *synes* (finden), *ferdes* (verkehren), *finnes* (geben), *lykkes* (gelingen):

Synes du at det er fint her? Han *ferdes* i de merkligste kretser. Det *fins* ikke vilje til forsoning!	*Findest* du, dass es hier schön ist? Er *verkehrt* in den merkwürdigsten Kreisen. Es *gibt* keinen Willen zur Versöhnung.

s-Verb im Norwegischen - Reflexivverb im Deutschen 170

Zu den *s*-Verben, die im Deutschen Reflexivverben sind, gehören u.a.: *høres* (sich anhören), *minnes* (sich erinnern), *møtes* (sich treffen), *sees* (sich sehen), *skilles* (sich trennen), *skjemmes* (sich schämen), *snakkes* (sich sprechen), *treffes* (sich treffen), *trives* (sich wohlfühlen), *undres* (sich wundern):

Jeg *skjemmes*. Vi *treffes* en gang i uka. *Trives* du?	Ich *schäme mich*. Wir *sehen uns* einmal in der Woche. *Fühlst* du *dich* wohl?

Trennbare und untrennbare Verben 171

Sowohl im Norwegischen als auch im Deutschen gibt es viele Verben, die aus Zusammensetzungen gebildet sind. Man unterscheidet zwischen untrennbaren Verben und trennbaren Verben, d.h. zwischen Verben, die in allen Flexionsformen zusammengesetzt sind, und Verben, die aus zwei meistens voneinander getrennt stehenden Teilen bestehen.

172 Untrennbare Verben

1. Einige Verben sind immer zusammengesetzt:

avlyse (absagen), *oppfatte* (auffassen), *overdrive* (übertreiben), *overtale* (überreden), *undervise* (unterrichten), u.a.:

Møtet ble *avlyst*. Professor Karlsen *underviser* i historie.	Die Sitzung wurde *abgesagt*. Professor Karlsen *unterrichtet* Geschichte.

2. Einige vergleichbare Verben sind im Norwegischen untrennbar und im Deutschen trennbar: *ankomme* (ankommen), *bidra* (beitragen), *inneha* (innehaben), *oppfatte* (auffassen), u.a.:

Fredsforhandlerne *bidro* til at en avtale kom i stand.	Die Friedensbeauftragten *trugen* dazu *bei*, dass ein Abkommen zustande kam.
Hvordan *oppfatter* du spørsmålet?	Wie *fasst* du die Frage *auf*?

3. Seltener kommt es vor, dass ein norwegisches trennbares Verb im Deutschen untrennbar ist:

Hvor skal jeg *skrive under*?	Wo soll ich *unterschreiben*?

173 Trennbare Verben

Infinitiv	Präsens	Präteritum	Part. Perf.	Imperativ
å tenke etter	tenker etter	tenkte etter	tenkt etter	tenk etter!
nach(zu)denken	denkt nach/ nachdenkt	dachte nach/ nachdachte	nachgedacht	Denk nach!

1. Ein wichtiger Unterschied zwischen den norwegischen und deutschen trennbaren Verben besteht darin, dass die norwegischen trennbaren Verben in allen Tempusformen getrennt sind, während im Deutschen im Nebensatz sowohl die infiniten Formen als auch die finiten Formen ungetrennt sind:

Han tenker etter. Han sier at han tenker etter. Jo mer jeg tenkte etter, jo mer forvirret ble jeg.	Er denkt nach. Er sagt, dass er nachdenkt. Je mehr ich nachdachte, desto verwirrter wurde ich.

2. Nur in Verbindung mit dem Partizip Perfekt im adjektivischen Gebrauch bildet das norwegische trennbare Verb eine Zusammensetzung:

Arbeideren som ble *sagt opp* → den *oppsagte* arbeideren	Dem Arbeiter, dem *gekündigt* wurde → dem *gekündigten* Arbeiter

Huset som ble *leid bort* → det *bortleide* huset	Das Haus, das *vermietet* wurde → das *vermietete* Haus

(→ §160,2)

Verben, die immer trennbare Zusammensetzungen bilden 174

Wie im Deutschen gibt es im Norwegischen einige zusammengesetzte Verben, die immer trennbar sind:

Hun *slå på* radioen for å høre nyhetene. Han *tok fram* en kopp fra skapet.	Er *stellte* das Radio *an*, um die Nachrichten zu hören. Er *nahm* eine Tasse aus dem Schrank *heraus*.

Verben, die sowohl trennbare als auch untrennbare Zusammensetzungen bilden 175

Im Norwegischen können zahlreiche zusammengesetzte Verben sowohl trennbar als auch untrennbar sein: *gi ut/ utgi* (herausgeben), *høre til/ tilhøre* (zuhören), *hente inn/ innhente* (einholen), *ta på seg/ påta seg* (anziehen, annehmen), u.a. Die trennbare Form ist im mündlichen Sprachgebrauch vorherrschend, während die untrennbare Form oft einen schriftsprachlichen Charakter hat. Die untrennbare Form wird häufig nur mit abstrakter Bedeutung verwendet, während die trennbare Form sowohl bei abstrakter als auch konkreter Bedeutung gebraucht wird:

Han *påtok seg* formannsvervet./ Han *tok på seg* formannsvervet. Han *tok på seg* regntøyet.	Er *nahm* das Amt des Vorsitzenden *an*. Er *zog* seine Regenbekleidung *an*.

Einige Verben haben unterschiedliche Bedeutungen, wenn sie in trennbarer oder untrennbarer Form auftreten:
dra inn/ inndra (einziehen), *dra opp* (hochziehen)/ *oppdra* (erziehen), *fylle opp* (füllen)/ *oppfylle* (erfüllen), *kalle fram* (hervorrufen)/ *framkalle* (entwickeln), *komme ned* (herunterkommen)/ *nedkomme* (gebären), *stille fram* (nach vorne stellen)/ *framstille* (darstellen), *slå av* (ausmachen)/ *avslå* (ablehnen), u.a.:

Fiskerne *dro opp* garna sine. De *oppdro* barna sine på en temmelig gammeldags måte. Han *fylte opp* tanken til randen. Han *oppfylte* et gammelt ønske.	Die Fischer *zogen* ihre Netze *hoch*. Sie *erzogen* ihre Kinder auf eine ziemlich altmodische Weise. Er *tankte* bis zum Rand *voll*. Er *erfüllte* einen alten Wunsch.

Kapitel 9 Präpositionen

176 Die Struktur der Präpositionsausdrücke

1. Präpositionen vor Substantiven

Im Gegensatz zum Deutschen regieren die Präpositionen im Norwegischen nicht den Kasus, wenn sie vor Substantiven stehen:

Vi så en mann *med en hund.*	Wir haben einen Mann *mit einem Hund* gesehen.
Skal du *til byen*? Nei, jeg var *i byen* i går.	Gehst du *in die Stadt*? Nein, ich bin gestern *in der Stadt* gewesen.

2. Präpositionen vor Pronomen

In Verbindung mit einem Pronomen regieren die Präpositionen die Objektsform (→ §66):

Det har vært innbrudd *hos oss.*	*Bei uns* ist eingebrochen worden.
Hva skal jeg gjøre *med deg*?	Was soll ich *mit dir* machen?
Foreldrene kjøpte en sykkel *til henne.*	Die Eltern kauften ihr ein Fahrrad.

Anmerkung:
Das Deutsche verwendet in den Fällen, in denen das Norwegische eine Präposition + Personalpronomen gebraucht, häufig das Pronominaladverb mit *da(r)*- (→ §70):

Ta stolen og sett deg *på den.*	Nimm den Stuhl und setz dich *darauf.*
Etter at han hadde fått modellflyet, lekte han nesten bare *med det.*	Nachdem er das Modellflugzeug bekommen hatte, spielte er fast nur noch *damit.*
Du kan stole på det!	Du kannst dich *darauf* verlassen.

3. Präpositionen vor Infinitiven und Nebensätzen

Im Norwegischen kann jede beliebige Präposition vor Infinitivkonstruktionen und Nebensätzen stehen, während im Deutschen die meisten Präpositionen zu Pronominaladverbien mit *da(r)-* (→ §70) umgeformt werden müssen oder die Präposition ganz wegfällt:

Du må huske *på at* jeg begynner å bli gammel.	Du musst *daran* denken, dass ich langsam anfange alt zu werden.
De hadde håpet *på at* det skulle bli bra ferievær.	Sie hatten (*darauf*) gehofft, dass das Ferienwetter gut werden würde.

Han løste oppgaven *ved å kikke* i fasiten.	Er löste die Aufgabe *dadurch*, dass er in die Lösung guckte.

Anmerkung 1:
Norwegische Präpositionen vor Infinitiven und Nebensätzen entsprechen in einigen Fällen deutschen Präpositionen vor Substantiven oder Nominalgruppen:

Han er flink *til å lese.* Det kommer *av at han er borte.*	Er ist tüchtig *im Lesen.* Das liegt *an seiner Abwesenheit.*

Anmerkung 2:
Auch in anderen Fällen werden im Norwegischen oft Präpositionsausdrücke verwendet, während im Deutschen andere Ausdrucksweisen bevorzugt werden. Das gilt u.a. bei Genitivausdrücken (→ §25) und indirekten Objekten (→ §§208, 209) im Deutschen: *forfatterne av boka* (die Autoren des Buches), *bilen til nabokona* (das Auto der Nachbarin), *gi noe til noen* (jemandem etwas geben), *fortelle noe til noen* (jemandem etwas erzählen).

4. Nachgestellte Präpositionen

In folgenden Fällen ist die Präposition im Norwegischen nachgestellt:

• Präpositionen, die mit einem Relativpronomen in einem Relativsatz (→ §87) verbunden sind:

Boka *som* de skrev *på*, skulle være ferdig til høsten. Tømmerhytta *som* vi bodde *i*, brant ned like etter.	Das Buch, *an dem* sie schrieben, sollte im Herbst fertig sein. Das Blockhaus, *in dem* wir gewohnt haben, ist kurz darauf abgebrannt.

• Präpositionen, die mit einem Fragewort in einem Fragesatz (→ §224) verbunden sind:

Hvem var du sammen *med*? *Hvilken* sang tenker du *på*?	*Mit wem* warst du zusammen? *An welches* Lied denkst du?

• bei Satzspaltung (→ §203):

Det var *Nils* jeg ropte *på.* Det var *Jonas* jeg skrev brev *til.*	Nils habe ich gerufen. Jonas habe ich den Brief geschrieben.

• bei einigen mehr oder weniger festen Ausdrücken: *jorda rundt* (rund um die Erde), *døgnet rundt* (rund um die Uhr), *seg imellom* (untereinander), u.a.

5. Zusammengesetzte Präpositionen

Einige Präpositionen sind aus zwei Präpositionen oder aus Adverb und Präposition zusammengesetzt: *foruten* (außer), *ifølge* (laut), *igjennom* (durch), *imot* (entgegen), *innenfor* (innerhalb), *oppå* (auf), *ovenfor* (oberhalb), *overfor* (gegenüber), *utenfor* (vor).

6. Redewendungen, die als Präpositionen fungieren:

Häufig fungieren ganze Redewendungen als Präpositionen: *i løpet av* (während), *i stedet for* (anstatt), *på grunn av* (wegen), *på tross av/til tross for* (trotz), *ved siden av* (neben), *for - siden* (vor), *fra - side* (seitens), *for - skyld* (um - willen).

177 Vergleich der wichtigsten norwegischen und deutschen Präpositionen

Sehr häufig entspricht eine norwegische Präposition mehreren deutschen Präpositionen:

1. *av*

1. *von* im Deutschen

• bei Passiv (→ §162) und Genitivumschreibungen (→ §25):

Han ble undersøkt *av* legen. En *av* elevene heter Kjetil.	Er wurde *von* dem Arzt untersucht. Einer *von* den Schülern heißt Kjetil.

2. *aus* im Deutschen

• Material:

Den ringen er ikke av gull, men *av* sølv. Bordet i spisestua er *av* edeltre.	Der Ring da ist nicht *aus* Gold, sondern *aus* Silber. Der Tisch im Esszimmer ist *aus* Edelholz.

• Grund, Ursache:

Han hadde gjort det *av* kjærlighet.	Er hatte es *aus* Liebe getan.

Im Deutschen ist auch *an* möglich:

Pasienten døde *av* en uhelbredelig sykdom.	Der Patient starb *an* einer unheilbaren Krankheit.

3. *vor* im Deutschen

In Verbindung mit einer nicht selbst bestimmbaren oder kontrollierbaren Handlung hat *av* die Bedeutung *vor*:

Hun ristet *av* kulde. De nygifte gråt *av* lykke.	Sie zitterte *vor* Kälte. Die Frischvermählten weinten *vor* Glück.

2. *bak*

• *hinter* im Deutschen:

Kosten står *bak* døra.	Der Besen steht *hinter* der Tür.

3. *etter*

1. *nach* im Deutschen

• Zeit:

Etter sommerferien skal jeg begynne på et norskkurs. *Etter* måltidene må barna pusse tennene.	*Nach* den Sommerferien werde ich an einem Norwegischkurs teilnehmen. *Nach* dem Essen müssen die Kinder die Zähne putzen.

• in festen Wendungen:

Jeg lengter *etter* sol og varme.	Ich sehne mich *nach* Sonne und Wärme.

2. *hinter* im Deutschen

In Verbindung mit Verben der Fortbewegung kann sowohl *etter* als auch *bak* die Bedeutung *hinter* haben:

Vi gikk *bak/etter* henne.	Wir gingen *hinter* ihr.

4. *for*

1. *für* im Deutschen:

De kjempet *for* en bedre framtid. Hva kan jeg gjøre *for* deg? Det var en ulempe *for* henne at hun ikke kunne snakke norsk.	Sie kämpften *für* eine bessere Zukunft. Was kann ich *für* dich tun? Es war ein Nachteil *für* sie, dass sie nicht Norwegisch sprechen konnte.

2. andere Präpositionen im Deutschen:

Hun var ikke redd *for* noe. Kampen *for* likestilling var sterk i Norge i sytti-årene. Jeg er bekymret *for* deg. La oss skåle *for* en god sommer!	Sie hatte *vor* nichts Angst. Der Kampf *um* die Gleichberechtigung war in den siebziger Jahren in Norwegen stark. Ich bin besorgt *um* dich. Lass uns *auf* einen guten Sommer anstoßen!

5. *forbi*

- *an ... vorbei* im Deutschen:

De gikk *forbi* det nye rådhuset.	Sie gingen *an* dem neuen Rathaus *vorbei*.

6. *fra*

1. *von* im Deutschen:

Jeg reiser ofte *fra* Oslo til Kragerø. Det er omtrent en times biltur *fra* Oslo til Moss.	Ich fahre oft *von* Oslo nach Kragerø. Es ist ungefähr eine Autostunde *von* Oslo nach Moss.

2. *aus* im Deutschen:

Tor Heyerdal kom *fra* Norge. Det kan ofte være vanskelig å oversette *fra* norsk til tysk.	Tor Heyerdal kam *aus* Norwegen. Es kann oft schwierig sein, *aus* dem Norwegischen ins Deutsche zu übersetzen.

7. *gjennom*

- *durch* im Deutschen:

De gikk *gjennom* skogen.	Sie gingen *durch* den Wald.

8. *hos*

- *bei* im Deutschen:

Niklas bodde *hos* besteforeldrene sine i sommer. Har du vært *hos* dem?	Niklas hat im Sommer *bei* seinen Großeltern gewohnt. Warst du schon *bei* ihnen?

9. *i*

1. *in* im Deutschen:

Man kan snakke norsk *i* hele Norden. Har du vært *i* byen?	Man kann überall *im* Norden Norwegisch reden. Bist du *in* der Stadt gewesen?

2. *an* im Deutschen

• Berührung:

Lampa henger *i* taket.	Die Lampe hängt *an* der Decke.

• Körperteile:

Barna holdt bestefaren *i* handa. Læreren klødde seg fortvilt *i* hodet.	Das Kind hielt den Großvater *an* der Hand. Der Lehrer kratzte sich verzweifelt *am* Kopf.

• andere Bedeutungen:

Rosenborg ligger *i* toppen av tabellen. *I* begynnelsen var allting lett.	Rosenborg liegt *an* der Tabellenspitze. *Am* Anfang war alles einfach.

Beachte aber: *på* slutten, *til* slutt (*am* Ende).

3. Andere Präpositionen im Deutschen:

Det er *i* alle fall/ *i* hvertfall viktig å lære preposisjoner. Norske barn leker ut *i* all slags vær.	Es ist *auf* alle Fälle/ *auf* jeden Fall wichtig, Präpositionen zu lernen. Norwegische Kinder spielen *bei* jedem Wetter draußen.

10. *mellom*

• *zwischen* im Deutschen:

Lillesand ligger *mellom* Grimstad og Kristiansand. Det var ikke noen god tone *mellom* dem.	Lillesand liegt *zwischen* Grimstad und Kristiansand. Es herrschte kein guter Umgangston *zwischen* ihnen.

11. *mot*

1. *gegen* im Deutschen:

Syklisten kjørte *mot* en lyktestolpe. Opposisjonspartiene demonstrerte *mot* forslaget til regjeringen.	Der Radfahrer fuhr *gegen* eine Laterne. Die Oppositionsparteien demonstrierten *gegen* den Vorschlag der Regierung.

2. *auf* im Deutschen:

Jeg vil heller ha et rom som vender *mot* gata.	Ich möchte lieber ein Zimmer haben, das *auf* die Straße geht.

3. *auf ... zu* im Deutschen:

Han gikk gledestrålende *mot* henne.	Er ging freudestrahlend *auf* sie *zu*.

4. *wider* im Deutschen:

Det må du ha gjort *mot* bedre vitende.	Das musst du *wider* besseres Wissen getan haben.

5. *zu* im Deutschen

In Verbindung mit einigen Adjektiven hat *mot* die Bedeutung *zu*:

De var svært vennlige/ uvennlige/ høflige/ uhøflige *mot* meg.	Sie waren sehr freundlich/ unfreundlich/ höflich/ unhöflich *zu* mir.

12. *om*

1. *um* im Deutschen:

Han la en arm *om* halsen hennes. Det dreier seg *om* en bestemt varetype.	Er legte einen Arm *um* ihren Hals. Es handelt sich *um* eine bestimmte Warensorte.

2. *an* im Deutschen:

Om kvelden er jeg for trøtt for å gjøre noe fornuftig.	*Am* Abend bin ich zu müde, um etwas Vernünftiges zu machen.

3. *in* im Deutschen:

Mordet skjedde *om* natta.	Der Mord geschah *in* der Nacht.

4. *von*/ *über* im Deutschen:

Filmen handler *om* narkotika-smugling.	Der Film handelt *von/über* Rauschgiftschmuggel.

13. *på*

1. *auf* im Deutschen

• lokal:

Det lille barnet satt urolig *på* stolen sin. Det stod en tigger *på* gata. Jeg hører dårlig *på* høyre øre.	Das kleine Kind saß unruhig *auf* seinem Stuhl. Ein Bettler stand *auf* der Straße. Ich höre *auf* dem rechten Ohr schlecht.

• verschiedene Redewendungen:

på jakt etter (auf der Suche nach), *på fersk gjerning* (auf frischer Tat), *på sine gamle dager* (auf seine alten Tage), *være sint på noen (*auf jmdn. böse sein), *være spent på noe* (auf etwas gespannt sein), *være sjalu på* (eifersüchtig sein auf) u.a.:

Tyven ble tatt *på fersk gjerning.* Jeg er spent *på resultatet.*	Der Dieb wurde *auf frischer Tat* ertappt. Ich bin gespannt *auf das Ergebnis.*

2. *an* im Deutschen

• lokal:

Bildet henger *på* veggen. Har dere vært *på* stranda?	Das Bild hängt *an* der Wand. Seid ihr *am* Strand gewesen?

• verschiedene Redewendungen:

arbeide på noe (an etwas arbeiten), *tvile på noe* (an etwas zweifeln), *tenke på noe* (an etwas denken), *tro på noe* (an etwas glauben), u.a.:

Lotte *arbeider på* en doktorgrads-avhandling, men hun *tviler på* om den noensinne blir ferdig.	Lotte *arbeitet an* einer Dissertation, sie *zweifelt* jedoch *daran*, ob sie jemals fertig wird.

3. ohne Präposition im Deutschen

Einige Redewendungen stehen im Deutschen ohne Präposition:

Vil du *smake på* suppa? Han må *vaske seg på* hendene.	Möchtest du die Suppe *probieren*? Er muss *sich* die Hände *waschen*.

14. *til*

1. *nach* im Deutschen:

Når drar du *til* Trondheim? Han kikket *til* høyre og venstre.	Wann fährst du *nach* Trondheim? Er schaute *nach* rechts und links.

2. *zu* im Deutschen:

Når drar du *til* foreldrene dine? Jeg skal *til* tannlegen i dag.	Wann fährst du *zu* deinen Eltern? Ich muss heute *zum* Zahnarzt.

3. *bis* im Deutschen:

Bussen kjører bare *til* Drammen. Jeg er opptatt *til* klokka fem.	Der Bus fährt nur *bis* Drammen. *Bis* fünf Uhr bin ich beschäftigt.

4. *an*/*auf*/*in* im Deutschen:

Når drar du *til* Rhinen? Når flyr du *til* Kanariøyene? Når drar du *til* Sveits?	Wann fährst du *an* den Rhein? Wann fliegst du *auf* die Kanarischen Inseln? Wann fährst du *in* die Schweiz?

5. *til* in verschiedenen Redewendungen:

Du må *ta hensyn til* den vanskelige situasjonen. Jeg skal nok *vende meg til* det.	Du musst die schwierige Lage *berücksichtigen*. Ich werde *mich* wohl *daran gewöhnen*.

15. *ved*

1. *an* im Deutschen:

Fredrikstad ligger *ved* Glomma. Det satt et forelsket par *ved* et av bordene.	Fredrikstad liegt *am* Glomma. *An* einem der Tische saß ein Liebespaar.

2. *bei* im Deutschen:

Else bor *ved* posthuset. *Ved nærmere betraktning* må jeg gi deg rett.	Else wohnt *bei* der Post. *Bei genauerer Betrachtung* muss ich dir Recht geben.

3. einige feste Zeitausdrücke:

Ved midnatt slo klokka i rådhuset tolv tunge slag. Jeg er tilbake *ved firetida*.	*Um Mitternacht* hat die Rathausuhr zwölfmal schwer geschlagen. Ich bin *gegen vier* zurück.

Kapitel 10 Interjektionen

Die Interjektionen sind kleinere Wörter, mit denen Gefühle ausgedrückt oder Laute nachgeahmt werden. Auch die Wörter *ja*, *nei* und *jo* gehören zu dieser Klasse.

178 Die Wörter *ja*, *nei* und *jo*

Ja, *nei* und *jo* entsprechen im Deutschen *ja*, *nein* und *doch*:

Har du vært i Tromsø? *Ja*, tre ganger./ *Nei*, aldri.	Bist du schon mal in Tromsø gewesen? *Ja*, dreimal./ *Nein*, noch nie.
Kan du ikke snakke norsk? *Jo*, det kan jeg.	Kannst du nicht Norwegisch sprechen? *Doch*, das kann ich.

179 Besondere Verwendung der Wörter *ja* und *nei*

1. Häufig werden *ja* und *nei* im Norwegischen als Satzeinleitung ohne Antwortfunktion benutzt:

Ja, nå skal du få høre en god historie.	Jetzt wirst du aber eine gute Geschichte zu hören bekommen.
Nei, nå gir vi oss.	Nun müssen wir aber aufhören.

2. *Ja* kann Anerkennung ausdrücken:

Ja, det var et flott vitnemål.	Das ist aber wirklich ein tolles Zeugnis.
Ja, det skal du ha all ros for.	Dafür muss ich dich wirklich loben.

3. *Nei* kann Begeisterung oder Erstaunen ausdrücken:

Nei, så flink du er!	Du bist aber tüchtig!
Nei, noe så komisk/ merkelig/ underlig!	So etwas Komisches/ Merkwürdiges/ Wunderliches!
Nei, at det går an!	Dass so etwas möglich ist!

180 Ausdruck körperlicher und seelischer Empfindungen

Das Norwegische hat in Übereinstimmung mit dem Deutschen viele Interjektionen, die Gefühle ausdrücken, und ständig werden neue Wörter gebildet.

Es folgen einige gebräuchliche:

1. Körperlicher Schmerz

au

Au, det gjør vondt!	*Aua*, das tut weh!

2. Kältegefühl

huttetu

Huttetu, så kaldt det er!	*Hu*, wie kalt es ist!

3. Wohlbehagen

ah

Ah, for et slaraffenliv!	*Ah*, welch Schlaraffenleben!

4. Ekel

fy/ fysj/ æsj

Fy/fysj/æsj, for en stank!	*Pfui*, was für ein Gestank!

5. Freude

hurra/ jippi

Hurra/jippi, jeg har vunnet i tipping!	*Hurra*, ich habe im Toto gewonnen!

6. Nachdenken

hm

Hm, dette må jeg tenke nøye over.	*Hm*, darüber muss ich genau nachdenken.

7. Beschwichtigung

så så

Så så, hiss deg ikke opp.	*Na na*, reg dich nicht auf.

8. Tadel

fy

Fy, det var stygt gjort!	*Pfui*, das war aber gemein!

9. Erregung der Aufmerksamkeit

hei, psst

Hei, du der borte!	*Hei*/ *hallo,* du da drüben!

Psst wird verwendet, um Aufmerksamkeit beim Flüstern zu erlangen; im Norwegischen handelt es sich also nicht um eine Aufforderung, ruhig zu sein (→ *hysj*):

Psst, kan du gi meg konsertprogrammet?	*He*, kannst du mir das Konzertprogramm geben?

10. Aufforderung zum Ruhigsein

hysj

Hysj, nå må dere være stille.	*Psst*, jetzt müsst ihr still sein.

181 Nachahmung von Lauten

1. Menschliche Laute:

haha(*ha*), *hihi*(*hi*) (Gelächter), *atsjo* (niesen), *hikk* (aufstoßen), *hm* (räuspern), *trallala* (trällern), uva.

2. Tierische Laute:

mø (Rind), *bæ* (Schaf), *vov* (Hund), *mjau* (Katze), *kykeliky* (Hahn), *gakk gakk* (Ente), *kvekk kvekk* (Frosch), *nøff nøff* (Schwein), *pip pip* (Vogel), *koko* (Kuckuck), *kra kra* (Krähe), uva.

3. Andere Laute

Es gibt eine Reihe von Wörtern, die verschiedenen Geräuschen nachempfunden sind:

pang (päng), *klirr* (klirr), *plask* (platsch), uva.

Kapitel 11 Konjunktionen

Nebenordnende Konjunktionen 182

Nebenordnende Konjunktionen verbinden Wörter, Wortgruppen oder Sätze miteinander. Die wichtigsten sind *og*, *både - og*, *eller*, *enten - eller*, *verken - eller*, *men* und *for*.

1. *og* (und)

Per *og* Kari leker fint sammen.	Per *und* Kari spielen schön zusammen.

2. *både - og* (sowohl - als auch)

Både nordmenn *og* tyskere ferierer ofte på Mallorca.	*Sowohl* Norweger *als auch* Deutsche machen oft Urlaub auf Mallorca.

3. *eller* (oder)

Jeg skal reise til Gol på onsdag *eller* torsdag i neste uke.	Ich werde nächste Woche Mittwoch *oder* Donnerstag nach Gol fahren.

4. *enten - eller* (entweder - oder)

Boka blir *enten* en suksess *eller* en total fiasko.	Das Buch wird *entweder* ein Erfolg *oder* ein totales Fiasko.

5. *verken - eller* (weder - noch)

Det lille barnet ville *verken* spise *eller* drikke.	Das kleine Kind wollte *weder* essen *noch* trinken.

6. *men* (aber/sondern)

Sykkelen er gammel, *men* virker helt fint.	Das Rad ist alt, *aber* funktioniert prima.

Die Konjunktion *men* kann nicht wie im Deutschen mitten in Sätzen mit adverbialer Bedeutung stehen:

Hytta er pen, *men* praktisk innrettet er den ikke.	Die Hütte ist schön, praktisch eingerichtet ist sie *aber* nicht.

Die Konjunktion *men* wird nach Verneinungen auch in den Fällen im Norwegischen verwendet, in denen im Deutschen *sondern* steht. Um den Gegensatz zu verstärken oder hervorzuheben, wird oft *tvert imot* zur Konjunktion hinzugefügt:

Sykkelen hans var ikke gammel, *men* (*tvert imot*) helt ny.	Sein Rad war nicht alt, *sondern* ganz neu.

7. *for* (denn)

Jeg kan ikke dra på sykkeltur i dag, *for* jeg må lese til eksamen.	Ich kann heute keine Radtour machen, *denn* ich muss die Prüfung vorbereiten.

Unterordnende Konjunktionen

Die unterordnenden Konjunktionen leiten Nebensätze ein (→ §227):

183 Konjunktionen, die substantivische Nebensätze einleiten

1. *at* (dass)

Mange tror *at* det er kaldt i Norge om sommeren.	Viele glauben, *dass* es im Sommer in Norwegen kalt sei.

2. *om* (ob)

Jeg lurer på *om* du helt har forstått poenget.	Ich frage mich, *ob* du das Wesentliche ganz verstanden hast.

184 Temporalkonjunktionen (zur Angabe der Zeit)

1. *da* (als)

Da Anne var mindre, pleide hun å sove middag.	*Als* Anne noch klein war, schlief sie normalerweise mittags.

2. *når* (wenn)

Når vi kommer hjem fra ferien, må vi forsøke å slanke oss.	*Wenn* wir aus dem Urlaub zurück sind, müssen wir versuchen abzunehmen.

3. *mens* (während)

Mens vi var på vei til Røros, begynte det å snø aldeles forferdelig.	*Während* wir unterwegs nach Røros waren, fing es ganz fürchterlich zu schneien an.

4. *siden* (seitdem)

Det har skjedd mye, *siden* du var her sist.	Es ist viel passiert, *seitdem* du das letzte Mal hier gewesen bist.

5. *etter at* (nachdem)

Etter at vi bygget den nye peisen, fryser vi ikke lenger.	*Nachdem* wir den neuen Kamin eingebaut haben, frieren wir nicht mehr.

6. *før* (bevor/ ehe)

Før gjestene kommer, må vi rydde opp i stua.	*Bevor/ehe* die Gäste kommen, müssen wir das Wohnzimmer aufräumen.

Kausalkonjunktionen (zur Angabe einer Ursache) 185

1. *fordi (*weil)

Fordi vi kom for sent til bussen, rakk vi ikke forestillingen.	*Weil* wir zu spät zum Bus kamen, verpassten wir die Vorstellung.

2. *siden, da* und *ettersom* (da)

Anstelle von *fordi* sind auch die Konjunktionen *siden, da* und *ettersom* möglich:

Da/siden/ettersom vi kom for sent til bussen, rakk vi ikke å skifte klær i tide.	*Da* wir zu spät zum Bus kamen, hatten wir keine Zeit, uns rechtzeitig umzuziehen.

Konzessivkonjunktionen (zur Angabe der Einräumung) 186

1. *selv om/ enda* (obwohl)

Selv om/(enda) jeg ikke liker det, kan jeg ikke nekte deg det.	*Obwohl* es mir nicht gefällt, kann ich es dir nicht verbieten.

2. *til tross for at* (obwohl)

Til tross for at Norge ikke ville bli medlem av EU, er de fleste nordmenn for internasjonalt samarbeid.	*Obwohl* Norwegen nicht der EU beitreten wollte, sind die meisten Norweger für internationale Zusammenarbeit.

187 Konditionalkonjunktionen (zur Angabe der Bedingung)

1. *hvis* (wenn)

Hvis du vil, kan jeg hjelpe deg med oppvasken.	*Wenn* du möchtest, kann ich dir beim Spülen helfen.

Dieselbe Bedeutung wie *hvis* haben oft *dersom* und *om*:

Dersom/om du vil, kan jeg hjelpe deg med oppvasken.	*Wenn* du möchtest, kann ich dir beim Spülen helfen.

2. *såfremt/ i fall/ i tilfelle* (sofern/ falls)

Såfremt/i fall/i tilfelle du kommer på besøk, skal du få se frimerkesamlingen min.	*Sofern/ falls* du mich besuchst, bekommst du meine Briefmarkensammlung zu sehen.

188 Finalkonjunktion (zur Angabe der Absicht)

for at (damit)

Ole tok på seg et varmt skjerf *for at* han ikke skulle bli forkjølet.	Ole legte sich einen warmen Schal um, *damit* er sich nicht erkältet.

189 Konsekutivkonjunktionen (zur Angabe der Folge)

så at/ slik at/ sånn at (so dass)

Ungene skrek *så at/slik at/sånn at* det var umulig å konsentrere seg.	Die Kinder schrien, *so dass* es unmöglich war, sich zu konzentrieren.

190 Komparativkonjunktionen (zur Angabe eines Vergleichs)

1. *som* (wie)

Som man reder, ligger man.	*Wie* man sich bettet, liegt man.

2. *så som/ slik som* (wie)

Filmen endte *slik som/så som* slike filmer pleier å ende.	Der Film endete, *wie* solche Filme normalerweise enden.

3. *liksom/ som om* (als ob)

Gjestene oppførte seg *som om/ liksom* de aldri hadde sett mat før.	Die Gäste benahmen sich, *als ob* sie niemals zuvor Essen gesehen hätten.

4. *jo - dess/ jo - desto/jo - jo* (je - desto)

Jo mer vin han drakk, *dess/ desto/ jo* grovere blir vitsene hans.	*Je* mehr Wein er trank, *desto* gewagter wurden seine Witze.

Kapitel 12 Die Satzglieder

In den norwegischen Grammatiken werden normalerweise fünf Satzglieder unterschieden: das Prädikat, das Subjekt, das Objekt, das Prädikativ und das Adverbial.

191 Die Umstellprobe

Zu den Satzgliedern werden zusätzlich zum Prädikat alle einzelnen Wörter oder Wortgruppen gerechnet, die vor der finiten Verbform stehen oder stehen können. Um diese Satzglieder in einem Satz zu finden, sucht man daher zuerst die finite Verbform. Das geschieht am einfachsten, indem der Satz zu einer Ja/nein-Frage umformuliert wird. Die finite Verbform steht dann an der ersten Stelle des Satzes. Danach werden die verschiedenen Satzglieder mit Hilfe der Umstellprobe gesucht.
Der Satz *Jens og Jan har mange ganger sett reinsdyr på Finnmarksvidda* (Jens und Jan haben oft Rentiere in der Finnmarksvidda gesehen) kann als Beispiel dienen.
Indem man den Satz zu einer Ja/nein-Frage umformt, erkennt man, dass *har* die finite Verbform ist:

Har Jens og Jan mange ganger sett reinsdyr på Finnmarksvidda?

Mit Hilfe der Umstellprobe sieht man, dass vier Wortgruppen vor der finiten Verbform *har* stehen können:

Jens og Jan har mange ganger sett reinsdyr på Finnmarksvidda.
→ *Mange ganger* har Jens og Jan sett reinsdyr på Finnmarksvidda.
→ *Reinsdyr* har Jens og Jan mange ganger sett på Finnmarksvidda.
→ *På Finnmarksvidda* har Jens og Jan mange ganger sett reinsdyr.

Zusätzlich zum Prädikat besteht der Satz folglich aus den vier Satzgliedern *Jens og Jan*, *mange ganger*, *reinsdyr* und *på Finnmarksvidda*.

Das Prädikat

192 Form und Bedeutung

1. Das Prädikat wird aus den Verben des Satzes gebildet und drückt normalerweise den Zustand, das Geschehen oder die Handlung des Satzes aus.

Das einfache Prädikat besteht nur aus einer finiten Verbform im Präsens, Präteritum oder Imperativ:

Hans *leser* avisen. Vi *var* i Kongsberg i går. *Kom* hit til meg!	Hans *liest* die Zeitung. Wir *waren* gestern in Kongsberg. *Komm* her zu mir!

2. Das zusammengesetzte Prädikat besteht aus einem finiten Teil (Hilfsverb im Präsens oder Präteritum) und einem infiniten Teil (eventuell infinite Hilfsverben + infinites Hauptverb):

Foreldrene hans *har solgt* huset sitt.	Seine Eltern *haben* ihr Haus *verkauft*.
Han *må ha gjort* det.	Er *muss* es *getan haben*.

3. Obwohl das Prädikat in diesem Buch als ein einziges Satzglied angesehen wird, werden aus praktischen Gründen die Bezeichnungen finite und infinite Verbform anstelle von finitem Teil des Prädikats und infinitem Teil des Prädikats verwendet. In den obengenannten Beispielen sind *har* und *må* finite Verbformen, während *solgt* und *ha gjort* infinite Verbformen sind.

Stellung im Hauptsatz

Die finite Verbform 193

1. Sowohl in den norwegischen als auch in den deutschen Hauptsätzen steht die finite Verbform normalerweise an der zweiten Stelle:

Det *skjedde* en septemberdag.	Es *geschah* an einem Tag im September.
Om morgenen *var* det tåke.	Morgens *war* es nebelig.

2. In Fragesätzen (→ §223) ohne Fragewort und in Imperativsätzen (→ §225) steht die finite Verbform in beiden Sprachen immer an der ersten Stelle:

Kommer du i morgen?	*Kommst* du morgen?
Slutt øyeblikkelig med det tullet!	*Hör* bitte sofort mit dem Unsinn auf!

Die infinite Verbform 194

1. Die norwegischen und deutschen infiniten Verbformen stehen in den meisten Fällen an ganz unterschiedlichen Stellen.
In Aussagesätzen (→ §222) und in Fragesätzen mit einem Fragewort (→ §224) folgt die norwegische infinite Verbform normalerweise unmittelbar der finiten Verbform:

Vi skal *fiske* mye i ferien.	Wir werden in den Ferien viel *angeln*.
Hvem av dere har *gjort* leksene?	Wer von euch hat die Hausaufgaben *gemacht*?

Einige Adverbien (→ §238) können jedoch zwischen der finiten und der infiniten Verbform stehen:

Vi *skal* sikkert *fiske* mye i ferien.	Wir *werden* bestimmt in den Ferien viel *angeln*.
Hvem av dere *har* ikke *gjort* leksene?	Wer von euch *hat* die Hausaufgaben nicht *gemacht*?

2. In Fragesätzen ohne Fragewort folgt die infinite Verbform dem Subjekt:

Skal dere *fiske* mye i ferien.	Werdet ihr in den Ferien viel *angeln*?
Har noen av dere *gjort* leksene til i morgen?	Haben einige von euch die Hausaufgaben für Morgen *gemacht*?

3. Besteht die infinite Verbform aus mehreren Wörtern, ist die Wortfolge im Norwegischen und Deutschen genau umgekehrt:

Den nye komputeren skal dessverre *ha*^{1} *blitt*^{2} *stjålet*^{3} fra skolen.	Der neue Computer soll leider aus der Schule *gestohlen*^{3} *worden*^{2} *sein*^{1}.

195 Stellung im Nebensatz

1. In norwegischen und deutschen Nebensätzen ist die Stellung des Prädikats sehr unterschiedlich. Im Norwegischen steht die finite Verbform normalerweise an der zweiten und die infinite Verbform an der dritten Stelle, während das deutsche Prädikat am Ende des Satzes steht:

Da han *hadde gjort* oppgavene, ...	Als er die Aufgaben *gemacht hatte*, ...
Fordi de *hadde kommet* for sent, ...	Weil sie zu spät *gekommen waren*, ...

2. Die Verbfolge ist im Vergleich zum Deutschen umgekehrt:

Fordi den nye pc-en *skal*^{1} *ha*^{2} *blitt*^{3} *stjålet*^{4} fra skolen,	Weil der neue Computer aus der Schule *gestohlen*^{4} *worden*^{3} *sein*^{2} *soll*^{1},

Anmerkung: Bei dem sogenannten Ersatzinfinitiv (→ §161) ändert sich die Wortfolge der deutschen Verben. Das Norwegische kennt keinen Ersatzinfinitiv und hat in den entsprechenden Sätzen die normale Verbfolge:

Han sa at han ikke hadde^1 kunnet^2 gjøre^3 leksene.	Er sagte, dass er die Hausaufgaben nicht hätte^1 machen^3 können^2.

Das Subjekt

196 Funktion und Bedeutung

Das Subjekt ist das Satzglied, das am engsten mit dem Prädikat verbunden ist. Es bezeichnet häufig den Täter, den Handelnden oder den Verursacher einer Verbalhandlung. Um das Subjekt zu finden, kann man in der Regel die sogenannte Subjektsfrage stellen: *hvem*/*hva* + Prädikat.

Form 197

Als Subjekt wird verwendet:

1. Substantiv (evtl. mit Attributen):

Vinteren er en fin årstid. *Den nye mannen til Eva* kommer fra Algerie.	*Der Winter* ist eine schöne Jahreszeit. *Evas neuer Mann* kommt aus Algerien.

2. Pronomen (evtl. mit Attributen):

Vi må gå nå. *Alle de på bildet der* er venner av meg.	*Wir* müssen nun gehen. *Alle auf dem Bild dort* sind Freunde von mir.

3. Adjektiv (evtl. mit Attributen):

Eldre misliker ofte popmusikk. *Mange unge* må flytte til en by for å få jobb.	*Ältere Leute* mögen häufig keine Popmusik. *Viele junge Leute* müssen in eine Stadt ziehen, um Arbeit zu bekommen.

4. Infinitiv (mit Attributen):

Å jogge er lite morsomt. *Å bruke et nytt tekstbehandlingsprogram* kan være tidkrevende.	*Zu joggen* macht wenig Spaß. *Ein neues Textverarbeitungsprogramm zu benutzen*, kann zeitaufwendig sein.

5. Nebensatz:

At han kommer, er helt sikkert.	*Dass er kommt*, ist ganz sicher.

Stellung im Satz 198

In Hauptsätzen steht das Subjekt normalerweise an der ersten Stelle entweder direkt vor der finiten Verbform oder an der dritten Stelle direkt nach der finiten Verbform:

Anna sover dårlig om natta. Om natta sover *Anna* dårlig.	*Anna* schläft nachts schlecht. Nachts schläft *Anna* schlecht.

In Nebensätzen steht das Subjekt in der Regel an der ersten Stelle:

Hvis *Anna* sover dårlig om natta, ...	Wenn *Anna* nachts schlecht schläft, ...

det als Subjekt

199 Formales Subjekt

In einigen Fällen steht im Norwegischen ein inhaltsleeres *det* an der Subjektsstelle. Die Verwendung von *det* als formales Subjekt entspricht normalerweise der Verwendung des deutschen Pronomens *es:*

1. Naturereignisse:

Det blåste og snødde fryktelig den dagen. *Det* trekker fra vinduet.	*Es* stürmte und schneite an dem Tag fürchterlich. *Es* zieht vom Fenster.

2. Aussagen, in denen der Täter oder Verursacher unbekannt oder unklar ist:

Det gjør vondt i storetåa. *Det* ringer på døra.	*Es* tut weh am großen Zeh. *Es* klingelt an der Tür.

3. unpersönliche Passivkonstruktionen:

Det skrives mye dumt i avisene for tida. *Det* sladres altfor mye.	*Es* wird zur Zeit viel dummes Zeug in den Zeitungen geschrieben. *Es* wird viel zu viel getratscht.

200 Vorläufiges Subjekt

In einigen Sätzen steht *det* als Platzhalter für das eigentliche Subjekt. Man spricht dann von einem vorläufigen Subjekt. Es wird zwischen Sätzen, in denen ein Infinitiv oder ein Nebensatz das eigentliche Subjekt ist, und den sogenannten „Präsentationssätzen“ unterschieden.

201 Infinitiv oder Nebensatz als eigentliches Subjekt

Im Norwegischen ist es sehr gebräuchlich, *det* als vorläufiges Subjekt zu verwenden, wenn das eigentliche Subjekt ein Infinitiv oder ein Nebensatz ist:

Det er sundt *å svømme.* *Det* er ennå ikke avgjort *hvem som skal få stipendet.*	*Es* ist gesund *zu schwimmen.* *Es* ist noch nicht entschieden, *wer das Stipendium erhalten wird.*

Wenn der Satz mit dem eigentlichen Subjekt eingeleitet wird, fällt das vorläufige Subjekt ebenso wie im Deutschen weg:

Å svømme er sundt. Hvem som skal få stipendet, er ennå ikke avgjort.	Schwimmen ist gesund. Wer das Stipendium erhalten wird, ist noch nicht entschieden.

Diese Ausdrucksweise wird im Norwegischen jedoch seltener als im Deutschen verwendet.

Die sogenannte „Präsentation" 202

1. Um zu vermeiden, dass etwas Unbekanntes oder noch nicht Erwähntes die Subjektsstelle am Anfang des Satzes besetzt, werden die norwegischen Sätze normalerweise mit Hilfe des vorläufigen Subjekts *det* eingeleitet:

Det lå en ball på plenen.	*Es* hat ein Ball auf dem Rasen gelegen.
Det oppstod en pause i samtalen.	*Es* entstand eine Pause im Gespräch.

2. Wenn der Satz ein Adverbial enthält, kann dieses Satzglied wie im Deutschen den Satz einleiten. Ein Unterschied besteht jedoch darin, dass *det* im Norwegischen in der Regel nicht wegfällt:

På plenen lå *det* en ball.	Auf dem Rasen hat ein Ball gelegen.
I samtalen oppstod *det* en pause.	Im Gespräch entstand eine Pause.

3. Ein weiterer Unterschied besteht darin, dass im Norwegischen nur in den Fällen, in denen das eigentliche Subjekt unbekannt ist, die sogenannte „Präsentation" verwendet wird. Im Gegensatz zum Deutschen kann im Norwegischen diese Konstruktion nicht gebraucht werden, wenn das Subjekt bestimmt ist:

Berlins filharmoniske orkester spilte.	*Es* spielten die Berliner Philharmoniker.
Merle har akkurat ringt.	*Es* hat gerade Merle angerufen.

Satzspaltung 203

1. Um ein bestimmtes Satzglied hervorzuheben, ist es im Norwegischen sehr gebräuchlich, eine Satzkonstruktion zu verwenden, die im Norwegischen „utbrytning" und in diesem Buch Satzspaltung genannt wird. Bei der Satzspaltung wird das Satzglied, das hervorgehoben werden soll, aus dem ursprünglichen Satz herausgenommen und in einen neuen Satz mit *det* als Subjekt und einer finiten Verbform von *være* oder *bli* als Prädikat eingefügt. Danach folgt der Rest des ursprünglichen Satzes als Nebensatz:

Naboen kom i går. → Det var naboen som kom i går. (Der Nachbar kam gestern.)
Jeg må gjøre det. → Det blir jeg som må gjøre det. (Ich muss es machen.)

2. Während im Norwegischen alle Satzglieder auf diese Weise hervorgehoben werden können, kommt diese Ausdrucksweise im Deutschen sehr selten vor:

• Subjekt:

Det er *du* som må gjøre det. Det var *Jens* som ble valgt.	*Du* musst das machen. *Jens* wurde gewählt.

• Direktes Objekt:

Det er *en Opel* hun kjører. Det var *huset* de solgte.	*Einen Opel* fährt sie. *Das Haus* haben sie verkauft.

• Indirektes Objekt:

Det var *Bente* jeg sendte regningen.	*Bente* habe ich die Rechnung geschickt.
Det var *meg* de gav blomstene.	*Mir* haben sie die Blumen überreicht.

• Prädikativ:

Det er *ingeniør* Espen skal bli. Det er *Trude* hun heter.	*Ingenieur* soll Espen werden. *Trude* heißt sie.

• Adverbial:

Det var *til Bente* (at) jeg sendte regningen.	*An Bente* habe ich die Rechnung geschickt.
Det var *til meg* (at) de gav blomstene.	*Mir* haben sie die Blumen überreicht.

Häufig bleibt die Präposition in dem ursprünglichen Satz stehen:
Det var Bente jeg sendte regningen *til*./ Det var meg de gav blomstene *til*.

Wenn man das ausgeklammerte Satzglied besonders betonen will, steht es am Satzanfang: *Jens* var det som ble valgt. *En Opel* er det hun kjører. usw.

3. „Ausklammerung" ist im Norwegischen nicht nur in Aussagesätzen, sondern auch in Fragesätzen sehr gebräuchlich:

Hvem var det som ble valgt?	Wer wurde gewählt?
Hva er det hun heter?	Wie heißt sie?
Hva var det de skulle vise?	Was sollten sie zeigen?
Hvordan er det vi skal gjøre det?	Wie machen wir das?

Auch bei Ja/nein-Fragen kommt diese Satzkonstruktion vor:

Er det deg som er broren til Kari?	Bist du der Bruder von Kari?
Er det i Oslo konserten skal være?	Soll das Konzert in Oslo stattfinden?

Das Objekt

Funktion, Bedeutung und Form 204

1. Das Objekt ist direkt mit dem Prädikat verbunden und bezeichnet häufig, an was oder wen sich die Handlung richtet:

Jens solgte *den gamle sykkelen sin.*	Jens hat *sein altes Fahrrad* verkauft.
Katrine inviterte *alle klassekameratene sine.*	Katrine hat *alle ihre Klassenkameraden* eingeladen.

Um das Objekt zu finden, kann man in der Regel die sogenannte Objektsfrage stellen: *hvem/hva* + Prädikat + Substantiv: *Hva solgte Jens? Hvem inviterte Katrine*?

2. Einige Personalpronomen haben eine eigene Objektsform (→ §66); ansonsten haben die Objekte, im Gegensatz zum Deutschen, keine Kasusmarkierung:

Vi liker *dem*, og de liker *oss*.	Wir mögen *sie*, und sie mögen *uns*.
Hun treffer *henne* hver dag.	Sie trifft *sie* jeden Tag.

Alle Wörter, Wortgruppen und Sätze, die Subjekt sein können (→ §197), können auch Objekt sein:

Kjenner du *den nye mannen til Eva*?	Kennst du *Evas neuen Mann*?
Vi kjenner *alle dem på bildet der.*	Wir kennen *alle auf dem Bild dort.*
Steinar skal lære *å bruke et nytt tekstbehandlingsprogram.*	Steinar soll *die Verwendung eines neuen Textverarbeitungsprogramms* lernen.
Jeg tror *at han kommer.*	Ich glaube, *dass er kommt.*

Stellung im Satz 205

1. Normalerweise steht das Objekt nach dem Subjekt und dem Prädikat an der dritten Stelle im Satz.

2. Bei Verben, die zwei Objekte fordern, steht im Norwegischen das indirekte Objekt vor dem direkten. Das gilt auch in den Fällen, in denen im Deutschen das Akkusativpronomen vor dem Dativobjekt steht:

Jeg gav *vaktmesteren*[1] *nøklene*[2].	Ich gab *dem Hausmeister*[1] *die Schlüssel*[2].
Jeg gav *vaktmesteren*[1] *dem*[2].	Ich gab *sie*[2] *dem Hausmeister*[1].
Jeg gav *ham*[1] *dem*[2].	Ich gab *sie*[2] *ihm*[1].

3. Es besteht außerdem die Möglichkeit, ein Objekt an die erste Stelle zu setzen, um es hervorzuheben, aber diese Stellung ist im Norwegischen seltener als im Deutschen:

Vaktmesteren gav jeg nøklene.	*Dem Hausmeister* gab ich die Schlüssel.
Nøklene gav jeg vaktmesteren.	*Die Schlüssel* gab ich dem Hausmeister.

206 Direktes und indirektes Objekt

1. Einige Verben fordern zwei Objekte, aber da es im Norwegischen kaum Kasusmarkierung gibt, ist es nicht wie im Deutschen möglich, zwischen Akkusativ- und Dativobjekt zu unterscheiden. Stattdessen unterscheidet man zwischen einem direkten und einem indirekten Objekt.

2. Das indirekte Objekt drückt in der Regel aus, gegen wen sich die Handlung richtet oder wer etwas empfängt:

Ragnar gav *henne* (ind. Obj.) *hanskene* (dir. Obj.). Bjarne gav *kelneren* (ind. Obj.) *altfor mye drikkepenger* (dir. Obj.).	Ragnar gab *ihr* (Dativobj.) *die Handschuhe* (Akkusativobj.). Bjarne hat *dem Kellner* (Dativobj.) *viel zuviel Trinkgeld* gegeben (Akkusativobj.).

3. Um das indirekte Objekt zu finden, kann man in der Regel die sogenannte indirekte Objekt-Frage stellen: *Til/for hvem* + Prädikat + Subjekt + direktes Objekt: *Til hvem rakte Ragnar hanskene*?

4. Im Gegensatz zu den deutschen Akkusativ- und Dativobjekten gibt es keinen formalen Unterschied zwischen dem direkten und dem indirekten Objekt:

Jeg traff *henne* (dir.Obj.) ikke i går, så jeg har sendt *henne* (ind.Obj.) et brev. Har du sett *dem* (dir.Obj.)? Ja, jeg gav *dem* (ind.Obj.) nøklene til hytta.	Ich habe *sie* gestern nicht getroffen, deshalb habe ich *ihr* einen Brief geschickt. Hast du *sie* gesehen? Ja, ich habe *ihnen* die Schlüssel für die Hütte gegeben.

5. In den meisten oben aufgeführten Sätzen ist das indirekte Objekt ein Pronomen. Die Konstruktionen mit einem Substantiv als indirektem Objekt wirken in der Regel im Norwegischen weitaus formeller als im Deutschen. Daher wird im Norwegischen normalerweise ein Präpositionsausdruck für das indirekte Objekt bevorzugt, wenn beide Konstruktionen möglich sind. (→ §208).

Obligatorisches indirektes Objekt 207

Die Konstruktion mit dem indirekten + direkten Objekt ist nur bei einigen wenigen Verben im Norwegischen obligatorisch:

forby noen noe	jemandem etwas verbieten
nekte noen noe	jemandem etwas verweigern
spørre noen om noe	jemanden etwas fragen
tilgi noen noe	jemandem etwas verzeihen
unne noen noe	jemandem etwas gönnen
u.a.	

Han tilgir *henne alt.* Alle unnet *dem seieren.*	Er verzeiht *ihr alles.* Alle haben *ihnen den Sieg* gegönnt.

Es gibt jedoch einige norwegische Redewendungen, die ein obligatorisches indirektes Objekt haben:

gi noen en lærepenge/ en lusing	jemandem einen Denkzettel/ eine Ohrfeige verpassen
gi noen en oppstrammer	jemandem eine Rüge erteilen
lese noen teksten	jemandem die Leviten lesen
by noen juling	jemandem Prügel androhen
vende noen en kald skulder	jemandem die kalte Schulter zeigen
sende noen et sint blikk	jemandem einen wütenden Blick zuwerfen

Wahlfreier Präpositionsausdruck 208

Bei zahlreichen Verben, die mit zwei Objekten stehen, kann das indirekte Objekt durch einen Präpositionsausdruck ersetzt werden. Im modernen Norwegisch ist diese Ausdrucksweise bei weitem die gebräuchlichste und wird viel häufiger als im Deutschen verwendet.

Verben mit wahlfreiem Präpositionsausdruck können nach Bedeutungen eingeteilt werden:

a) Verben mit der Bedeutung *gi noe til noen* (jemandem etwas geben):

gi noe til noen	jemandem etwas geben
kjøpe noe til noen	jemandem etwas kaufen
levere noe til noen	jemandem etwas liefern
rekke noe til noen	jemandem etwas reichen
sende noe til noen	jemandem etwas schicken
skjenke noe til noen	jemandem etwas schenken

Postbudet leverte pakka *til feil familie.* Han sendte en klage *til rådmannen.*	Der Postbote hat das Paket *der falschen Familie* geliefert. Er hat *dem Regierungspräsidenten* eine Klage geschickt.

b) Verben mit der Bedeutung *meddele noe til noen* (jemandem etwas mitteilen):

fortelle noe til noen	jemandem etwas erzählen
hviske noe til noen	jemandem etwas zuflüstern
rapportere noe til noen	jemandem etwas berichten
rope noe til noen	jemandem etwas zurufen
si noe til noen	jemandem etwas sagen
skrike noe til noen	jemandem etwas zuschreien
skrive noe til noen	jemandem etwas schreiben
u.a.	

Vi fortalte hemmeligheten *til barna.*	Wir haben *den Kindern* das Geheimnis erzählt.
Den kjente politikeren skrev et brev *til partifellene* sine.	Der bekannte Politiker hat *seinen Parteigenossen* einen Brief geschrieben.

Anmerkung:
Bei einigen wenigen Verben, die mit Präpositionsausdruck stehen können, wird jedoch das indirekte Objekt bevorzugt:

låne noen noe	jemandem etwas leihen
love noen noe	jemandem etwas versprechen
svare noen noe	jemandem etwas antworten

209 Obligatorischer Präpositionsausdruck im Norwegischen

Zahlreiche Verben, die im Deutschen mit zwei Objekten stehen oder stehen können, müssen im Norwegischen mit einem direkten Objekt + Präpositionsausdruck stehen.

1. Präpositionsausdruck mit der Präposition *for*

Verben mit der Bedeutung *gjøre noe for noen* (für jemandem etwas machen):

beskrive noe for noen	jemandem etwas beschreiben
bevise noe for noen	jemandem etwas beweisen
gjøre noe ferdig for noen	jemandem etwas fertigmachen
forutse noe for noen	jemandem etwas prognostizieren
fremføre noe for noen	jemandem etwas vorführen
installere noe for noen	jemandem etwas einbauen
lese opp noe for noen	jemandem etwas vorlesen
nevne noe for noen	jemandem etwas erwähnen
røpe noe for noen	jemandem etwas verraten
sette noe fram for noen	jemandem etwas vorsetzen
skjule noe for noen	jemandem etwas verheimlichen
u.a.	

Skuespillerne fremførte et spennende skuespill *for det begeistrede publikumet*.	Die Schauspieler führten *dem begeisterten Publikum* ein spannendes Schauspiel vor.
Familien forsøkte å skjule tragedien *for henne*.	Die Familie versuchte, *ihr* die Tragödie zu verheimlichen.

2. Präpositionsausdruck mit der Präposition *fra/av*

Verben mit der Bedeutung *ta noe fra noen* (jemandem etwas wegnehmen):

kjøpe noe av noen	jemandem etwas abkaufen
rive noe fra noen	jemandem etwas wegreißen
stjele noe fra noen	jemandem etwas stehlen
ta noe fra noen	jemandem etwas wegnehmen

Jeg rev *fra henne* arket.	Ich habe *ihr* das Blatt weggerissen.
Du får ikke ta det *fra meg*.	Du darfst *mir* das nicht wegnehmen.

3. Präpositionsausdruck mit der Präposition *til*

Verben mit der Bedeutung *gi noe/meddele noe til noen* (jemandem etwas geben/ mitteilen):

formidle noe til noen	jemandem etwas vermitteln
ha med noe til noen	jemandem etwas mitbringen
hente noe til noen	jemandem etwas holen
melde noe til noen	jemandem etwas melden
rope noe til noen	jemandem etwas zurufen
skrike noe til noen	jemandem etwas zuschreien
brøle noe til noen	jemandem etwas zubrüllen
stikke noe til noen	jemandem etwas zustecken
u.a.	

Bibliotekaren hentet ei bok *til meg*.	Der Bibliothekar hat *mir* ein Buch geholt.
Han stakk en pengeseddel *til tiggeren*.	Er steckte *dem Bettler* einen Geldschein zu.

4. andere Präpositionen

Bei zusammengesetzten deutschen Verben mit präpositionaler Vorsilbe wird im Norwegischen oft die entsprechende Präposition verwendet:

Den gamle mannen ropte noe uforståelig *mot* oss.	Der alte Mann rief uns etwas Unverständliches *nach*.
Jeg kan se det *på* deg.	Ich sehe es dir *an*.
Han strakte hendene ut *mot* henne.	Er streckte ihr die Hände *entgegen*.

210 Possessives Dativobjekt im Deutschen

Das deutsche Dativobjekt wird in entsprechenden norwegischen Sätzen in der Regel zu einem Possessivpronomen oder Präpositionsglied (normalerweise mit *på*):

Hun klippet håret *hans/ på ham.* Han vasket ansiktet *på barnet.*	Sie hat *ihm* das Haar geschnitten. Er hat *dem Kind* das Gesicht gewaschen.

211 Das Prädikativ

Die Prädikative sind ebenso wie das Objekt mit dem Prädikat verbunden, sie stehen aber auch in enger Verbindung zu einem Subjekt oder einem Objekt:

Karl og Ingunn er *gode venner.* Anne Lise farget håret *rødt.*	Karl und Ingunn sind *gute Freunde.* Anne Lise hat ihr Haar *rot* gefärbt.

212 Das Subjektsprädikativ

1. Funktion, Bedeutung und Satzstellung

Wenn das Prädikativ mit dem Subjekt verbunden ist, spricht man in norwegischen Grammatiken von einem Subjektsprädikativ (Gleichsetzungsnominativ oder prädikativer Nominativ im Deutschen). Das Subjektsprädikativ beschreibt, charakterisiert oder identifiziert das Subjekt und steht an derselben Stelle im Satz wie das Objekt:

Hunden min heter *Tiger.* Lene ble *glad* for presangene. Han kom *utmattet* inn av døra.	Mein Hund heißt *Tiger.* Lene war *glücklich* über die Geschenke. Er kam *erschöpft* zur Tür herein.

2. Form

Als Prädikative werden verwendet:

- Adjektive (evtl. mit Attributen)/ Partizipien in adjektivischer Verwendung:

Tomatene er *råtne.* Jeg er *helt ferdig.*	Die Tomaten sind *faul.* Ich bin *völlig fertig.*

Im Unterschied zum Deutschen wird das prädikative Adjektiv flektiert:

Jeg er *syk.* Barnet er *sykt.* Vi er *syke.*	Ich bin *krank.* Das Kind ist *krank.* Wir sind *krank.*

• Substantive (evtl. mit Attributen):

Tante Hilde er *ei gammel hurpe*, men onkel Hans er *en fin fyr*.	Tante Hilde ist *eine alte Zicke*, aber Onkel Hans ist *ein netter Kerl*.

• Präpositionsausdrücke:

Vi er *i god form*. Alle var *i godt humør*.	Wir sind *fit*. Alle hatten *gute Laune*.

• Pronomen (evtl. mit Attributen):

Im Unterschied zum Deutschen kann im Norwegischen ein Personalpronomen als Prädikativ auftreten. Beachte, dass die Personalpronomen in der Objektsform stehen können:

Det er bare *henne*. Dirigent i sangkoret er *meg*.	*Sie* ist es nur. Der Dirigent des Gesangschores bin *ich*.

• Infinitive (evtl. mit Attributen):

Den vanskeligste oppgaven blir *å senke kostnadene*. Det ville være *å overdrive*.	Die schwierigste Aufgabe wird sein, *die Kosten zu senken*. Das wäre *eine Übertreibung*.

• Nebensätze:

Spørsmålet er *om vi har råd til det*.	Die Frage ist, *ob wir uns das leisten können*.
Problemet er *at ingen vil ta ansvar*.	Das Problem ist, *dass niemand die Verantwortung tragen will*.

Das Objektsprädikativ 213

1. Wenn das Prädikativ mit dem Objekt verbunden ist, spricht man in norwegischen Grammatiken von einem Objektsprädikativ (Gleichsetzungs-Akkusativ oder prädikativer Akkusativ im Deutschen). Als Objektsprädikativ werden Adjektive oder Partizipien verwendet, die das immer unmittelbar vorausgehende Objekt beschreiben oder charakterisieren:

Hun kalte ham *en ynkelig taper*.	Sie nannte ihn *einen erbärmlichen Verlierer*.
Cecilie har lakket neglene *lilla*.	Cecilie hat sich die Nägel *lila* lackiert.

2. Das norwegische Objektsprädikativ wird im Gegensatz zu dem deutschen Gleichsetzungsakkusativ flektiert:

Han malte hytta *rød*. Vi malte huset *rødt*. De malte veggene *røde*.	Er hat die Hütte *rot* angestrichen. Wir haben das Haus *rot* angestrichen. Sie haben die Wände *rot* angestrichen.

214 Das Adverbial

Die Adverbiale bilden eine sehr uneinheitliche Gruppe und können in zwei Großgruppen eingeteilt werden: Adverbiale, die sich auf den Satz als Ganzes beziehen, und Adverbiale, die sich auf ein oder mehrere Elemente des Satzes beziehen.

215 Adverbiale, die sich auf den Satz als Ganzes beziehen

Diese Adverbiale werden auch Satzadverbiale genannt und können in modifizierende und konnektive Satzadverbiale eingeteilt werden:

1. Die modifizierenden Satzadverbiale bringen zum Ausdruck, welche Haltung der Sprecher oder Schreiber zum Inhalt des Satzes hat:

Hans har *dessverre* blitt syk. Astrid skal *kanskje* reise til Oslo.	Hans ist *leider* krank geworden. Astrid wird *vielleicht* nach Oslo fahren.

2. Die konnektiven Satzadverbiale verbinden den Satz mit dem Kontext, indem sie den Inhalt des Satzes als eine Folge oder einen Gegensatz von dem, was gerade vorher gesagt wurde, darstellen:

De fikk ikke tid til å male huset i fjor, og *derfor* må de gjøre det i år.	Sie fanden im letzten Jahr keine Zeit, ihr Haus anzustreichen, und *deshalb* müssen sie es in diesem Jahr tun.
Riktignok er han myndig. *Ikke desto mindre* må han komme presis til måltidene.	Er ist zwar volljährig. *Nichtsdestoweniger* muss er pünktlich zu den Mahlzeiten kommen.

216 Adverbiale, die sich auf ein oder mehrere Elemente des Satzes beziehen

Nach der Bedeutung kann man mehrere Gruppen unterscheiden:

1. Adverbiale der Zeit (temporale Adverbiale):

Vi pleier å møtes *to ganger i måneden*. *Når* kommer du på besøk?	Wir treffen uns gewöhnlich *zweimal im Monat*. *Wann* kommst du zu Besuch?

2. Adverbiale des Ortes (lokale Adverbiale):

Jeg bor *i Halden*.	Ich wohne *in Halden*.
Der ligger kniven.	*Dort* liegt das Messer.

3. Adverbiale des Grundes (kausale Adverbiale):

Firmafesten ble avlyst *på grunn av liten interesse*.	Das Firmenfest wurde *auf Grund des geringen Interesses abgesagt*.
Fordi han hadde glemt pengene, måtte han gå til fots hele veien.	*Weil er das Geld vergessen hatte*, musste er den ganzen Weg zu Fuß gehen.

4. Adverbiale der Art und Weise (modale Adverbiale):

Ringen er *av gull*.	Der Ring ist *aus Gold*.
De arbeidet *svært hardt*.	Sie haben *sehr hart* gearbeitet.

Die Form der Adverbiale 217

Als Adverbiale werden verwendet:

1. Adverbien (evtl. mit Attributen):

Høstferien er *snart* forbi.	Die Herbstferien sind *bald* vorbei.
Høyt der oppe i treet ser jeg et ekorn.	*Hoch da oben im Baum* sehe ich ein Eichhörnchen.

2. Adjektive in der Neutrumsform (evtl. mit Attributen):

Vi fortalte ham *vennlig men bestemt*, at festen nå var over.	Wir haben ihm *freundlich aber bestimmt* erklärt, dass nun das Fest zu Ende sei.
Eksamen gikk *veldig dårlig*.	Die Prüfung ist *sehr schlecht* gelaufen.

3. Substantive (evtl. mit Attributen):

Eirik flyr *fredag* til Malaysia.	Eirik fliegt *Freitag* nach Malaysia.
Karl arbeider lenge *hver eneste dag*.	Karl arbeitet *jeden Tag* lange.

4. Präpositionsausdrücke:

Henrik bor *i Haugesund*.	Henrik wohnt *in Haugesund*.
De klarte det *ved hjelp av en stor porsjon flaks*.	*Mit Hilfe einer großen Portion Glück* schafften sie es.

5. Nebensätze:

Jeg vet ikke *om jeg kommer tilbake hit noen gang.* *Hvis du vil*, kan du få bli med.	Ich weiß nicht, *ob ich irgendwann hierher zurückkomme.* *Wenn du willst*, darfst du mitmachen.

Stellung im Satz

218 Satzadverbiale

1. In Hauptsätzen folgen die Satzadverbiale unmittelbar der finiten Verbform:

Jeg kan *ikke* høre det. Du har *sikkert* hørt vitsen før.	Ich kann es *nicht* hören. Du hast den Witz *bestimmt* schon eher gehört.

2. Satzadverbiale, die betont werden können, stehen gelegentlich auch am Satzanfang:

Antagelig vil jeg ikke rekke det. *Muligens* er det en god idé.	*Wahrscheinlich* werde ich es nicht schaffen. *Möglicherweise* ist das eine gute Idee.

3. Besonders häufig stehen im Norwegischen konnektive Satzadverbiale am Satzanfang:

Imidlertid er det mye som taler for akkurat det. *I så fall* kan vi slutte med en gang.	*Inzwischen* spricht viel genau dafür. *In dem Fall* können wir sofort aufhören.

4. Im Gegensatz zum deutschen Satzadverbial *nicht* steht das norwegische *ikke* immer vor dem Imperativverb, wenn keine Satzglieder folgen. Folgt ein Satzglied dem Imperativ, kann *ikke* sowohl vor als auch hinter der Verbform stehen:

Ikke gråt!/ Ikke le!/ Ikke gå! Ikke gå nå!/ Ikke le så høyt! → Gå ikke nå/ Le ikke så høyt!	Weine nicht!/ Lach nicht!/ Geh nicht! Geh jetzt nicht!/ Lach nicht so laut!

5. In Nebensätzen stehen die Satzadverbiale direkt vor der finiten Verbform:

Hvis jeg *likevel* får gjøre det, blir jeg glad. Han sa at jeg *sikkert* hadde hørt vitsen før.	Wenn ich das *trotzdem* machen darf, werde ich froh. Er sagte, dass ich den Witz *bestimmt* schon eher gehört hätte.

Adverbiale des Ortes, des Grundes und der Art und Weise 219

1. In Haupt- und Nebensätzen stehen diese Adverbiale an der letzten Stelle des Satzes:

Edvard sitter *der borte*.	Edvard sitzt *dort drüben*.
Vi gikk hjem *på grunn av det dårlige været*.	Wir sind *wegen des schlechten Wetters* nach Hause gegangen.

2. Sie können aber auch wie im Deutschen an der ersten Stelle des Hauptsatzes stehen:

Der borte sitter Edvard.	*Dort drüben* sitzt Edvard.
På grunn av det dårlige været gikk vi hjem.	*Wegen des schlechten Wetters* sind wir nach Hause gegangen.

Adverbiale der Zeit 220

1. Die meisten Adverbiale der Zeit stehen an derselben Stelle wie diejenigen des Ortes, des Grundes oder der Art und Weise:

I Norge er det påbudt med vinterdekk *om vinteren*.	In Norwegen ist es *im Winter* Pflicht, Winterreifen zu benutzen.
Om vinteren er det påbudt med vinterdekk i Norge.	*Im Winter* ist es Pflicht, Winterreifen in Norwegen zu benutzen.

2. Viele Zeitadverbiale - vor allem Adverbien wie *allerede* (schon), *alltid* (immer), *akkurat* (gerade), *endelig* (endlich), *lenge* (lange), *ofte* (oft), *snart* (bald), *nettopp* (gerade), u.a. - können jedoch zusätzlich die Stelle der Satzadverbiale einnehmen:

Bonden hadde *akkurat* foret kuene.	Der Landwirt hatte *gerade* den Kühen Futter gegeben.
Barna våre må *alltid* pusse tennene når de har spist søtsaker.	Unsere Kinder müssen sich *immer* die Zähne putzen, wenn sie Süßigkeiten gegessen haben.

Kapitel 13 Die Satzarten

Sätze sind Äußerungen, die ein Subjekt und eine finite Verbform (und eventuell andere Satzglieder) enthalten.

221 Der Hauptsatz

Sätze, die allein stehen, d.h. die nicht als Satzglied oder Teil eines Satzgliedes in einem anderen Satz auftreten, werden Hauptsätze genannt. Man unterscheidet zwischen Aussagesatz, Fragesatz, Imperativsatz und Wunschsatz.

222 Der Aussagesatz

Aussagesätze werden meistens verwendet, um etwas zu erzählen oder zu behaupten. Die finite Verbform steht immer an der zweiten Stelle des Satzes:

Jeg *kommer* i morgen. Det *blir* fint vær i dag.	Ich *komme* morgen. Heute *wird* schönes Wetter.

Der Fragesatz

Man unterscheidet zwischen Fragesätzen ohne Fragewörter und Fragesätzen mit Fragewörtern.

223 Der Fragesatz ohne Fragewort

Diese Sätze werden auch Ja/nein-Fragen genannt, weil man mit einem einfachen ja oder nein antworten kann. Die finite Verbform steht immer an der ersten Stelle des Satzes:

Kommer dere på foreldremøtet i kveld? *Vil* du ha en kopp kaffe til?	*Kommt* ihr heute Abend zur Elternversammlung? *Möchtest* du noch eine Tasse Kaffee?

224 Der Fragesatz mit Fragewort

Diese Sätze werden mit einem Fragepronomen oder einem Frageadverb eingeleitet. Die finite Verbform steht immer an der zweiten Stelle des Satzes:

Hvem *har* dere invitert? Hvorfor *må* alltid jeg vaske opp?	Wen *habt* ihr eingeladen? Warum *muss* immer ich spülen?

Der Imperativsatz 225

Der Imperativsatz unterscheidet sich von den anderen Sätzen dadurch, dass das Prädikat im Imperativ steht und dass das Subjekt in der Regel fehlt. Imperativsätze drücken normalerweise Befehle oder Aufforderungen aus:

Kom hit med en gang! Ta et stykke kake til!	Komm sofort her! Nimm noch ein Stück Kuchen!

Der Wunschsatz 226

In den norwegischen Wunschsätzen steht das Prädikat in einer Vergangenheitsform, während im Deutschen eine Konjunktivform verwendet wird (→ §151):

Bare han hadde vært her nå! Hadde du bare kunnet slutte å røyke!	Wäre er doch bloß hier! Könntest du doch nur mit dem Rauchen aufhören!

Anmerkung: In einigen festen Ausdrücken erkennt man im Norwegischen Reste einer früheren Konjunktivverwendung (→ §150): *Gud hjelpe oss* (Meine Güte).

Der Nebensatz 227

Sätze, die als Satzglied oder attributiv als Teil eines Satzgliedes in einem anderen Satz stehen, werden Nebensätze[17] genannt. Die Nebensätze werden nach ihren unterschiedlichen Funktionen in drei Gruppen eingeteilt: substantivischer Nebensatz, adjektivischer Nebensatz und adverbialer Nebensatz.

1. Substantivische Nebensätze werden als Subjekt, Objekt oder Prädikativ verwendet:

At du lærer norsk (Subj.), er flott.	*Dass du Norwegisch lernst*, ist prima.
Han sa *at han var syk* (Obj.).	Er sagte, *dass er krank sei*.
Spørsmålet er *om vi har tid nok* (Präd.).	Die Frage ist, *ob wir genügend Zeit haben*.

2. Adjektivische Nebensätze werden als Attribut, d.h. als Teil eines beliebigen Satzgliedes, verwendet:

Melka, *som vi kjøpte i går* (Teil des Subjektes), er sur.	Die Milch, *die wir gestern gekauft haben*, ist sauer.
Ser du barnet *som står bak treet der* (Teil des Objektes)?	Siehst du das Kind, *das dort hinter dem Baum steht*?

[17] In modernen norwegischen Grammatiken werden die Nebensätze wegen ihrer Gliedfunktion häufig *leddsetninger* (Gliedsätze) genannt.

3. Adverbiale Nebensätze werden als adverbiales Satzglied verwendet:

Da båten gikk (Temporaladv.), vinket Hans Jørgen med et lommetørkle. Han hadde ikke tid *fordi han skulle bake geburtsdagskake* (Kausaladv.).	*Als das Schiff ablegte*, hat Hans Jørgen mit einem Taschentuch gewunken. Er hatte keine Zeit, *weil er eine Geburtstagstorte backen sollte*.

228 Der substantivische Nebensatz

Man unterscheidet zwischen *at*-Sätzen und indirekten Fragesätzen.

1. Der *at*-Satz

Die *at*-Sätze werden so genannt, weil sie mit der unterordnenden Konjunktion *at* eingeleitet werden:

Han sa *at han antagelig kom sent hjem.* Jeg håper *at hun snart vil dukke opp.*	Er sagte, *dass er wahrscheinlich spät nach Hause kommen würde.* Ich hoffe, *dass sie bald wieder auftauchen wird.*

In Übereinstimmung mit dem deutschen *dass*-Satz kann die Konjunktion ausgelassen werden. Ein wichtiger Unterschied besteht jedoch darin, dass der norwegische *at*-Satz seine Wortfolge behält, während die Wortfolge des deutschen *dass*-Satzes geändert wird:

Han sa *han antagelig kom sent hjem.* Jeg håper *hun snart vil dukke opp.*	Er sagte, *er werde wahrscheinlich spät nach Hause kommen.* Ich hoffe, *sie wird bald wieder auftauchen.*

2. Der indirekte Fragesatz

Die indirekten Fragesätze sind Nebensätze, die mit einem Fragepronomen oder Frageadverb eingeleitet werden:

Jeg lurer på *hva jeg skal lage til middag.* De spurte *hva hun ville gjøre etter eksamen.*	Ich überlege, *was ich zum Essen kochen soll.* Sie fragten, *was sie nach dem Examen machen wolle.*

Der adjektivische Nebensatz 229

1. Die adjektivischen Nebensätze sind in der Regel Relativsätze, die mit einem Relativpronomen oder ein Relativadverb eingeleitet werden:

Kaffekanna, *som stod på skrivebordet*, var rød. I det huset *der de bor om sommeren*, skal det være et spøkelse.	Die Kaffekanne, *die auf dem Schreibtisch stand*, war rot. In dem Haus, *in dem sie im Sommer wohnen*, soll es ein Gespenst geben.

2. Im Norwegischen kann das Relativpronomen ausgelassen werden, wenn es nicht Subjekt des Relativsatzes ist (→ §86):

Den frisøren *jeg vanligvis bruker*, har dessverre ferie.	Der Frisör, *den ich normalerweise aufsuche*, hat leider Urlaub.

Der adverbiale Nebensatz 230

Die adverbialen Nebensätze können in sieben Klassen eingeteilt werden:

1. Der Temporalsatz

Temporalsätze werden mit einer Temporalkonjunktion (→ §184) eingeleitet:

Da Per ble konfirmert, fikk han svært mange gaver. *Når vi har spart nok penger*, skal vi kjøpe nytt tv.	*Als Per konfirmiert wurde*, bekam er sehr viele Geschenke. *Wenn wir genügend Geld gespart haben*, werden wir einen neuen Fernseher kaufen.

2. Der Kausalsatz

Kausalsätze werden mit einer Kausalkonjunktion (→ §185) eingeleitet:

Vi kan ikke lage vafler *fordi vi har glemt å kjøpe egg.* *Siden han ikke kan svømme*, kan han ikke være med på båtturen.	Wir können keine Waffeln backen, *weil wir vergessen haben, Eier zu kaufen.* *Da er nicht schwimmen kann*, kann er nicht mit auf den Bootsausflug.

3. Der Konzessivsatz

Konzessivsätze werden mit einer Konzessivkonjunktion (→ §186) eingeleitet:

Selv om det regner, er det ingen grunn til å sitte hjemme. *Enda vi vanligvis sover godt*, fins det grenser for hva vi kan tåle.	*Obwohl es regnet*, gibt es keinen Grund zu Hause zu bleiben. *Obwohl wir gewöhnlich gut schlafen*, gibt es für uns eine Schmerzgrenze.

4. Der Konditionalsatz

Konditionalsätze werden mit einer Konditionalkonjunktion (→§187) eingeleitet:

Hvis alt går bra, er Turid ferdig med eksamene sine i år. *Såfremt vi ikke blir unødvendig forstyrret*, vil alt gå etter planen.	*Wenn alles gut geht*, ist Turid in diesem Jahr mit ihren Prüfungen fertig. *Sofern wir nicht unnötig gestört werden*, wird alles nach Plan verlaufen.

5. Der Finalsatz

Finalsätze werden mit einer Finalkonjunktion (→ §188) eingeleitet:

For at han ikke skulle bli våt på beina, måtte Martin gå med gummistøvler.	*Damit er nicht nasse Füße bekam*, musste Martin Gummistiefel tragen.

6. Der Konsekutivsatz

Konsekutivsätze werden mit einer Konsekutivkonjunktion (→ §189) eingeleitet:

Sola skinte *slik at vi nesten ble blendet.* Han kjørte *sånn at passasjerene i baksetet kastet engstelige blikk på hverandre.*	Die Sonne schien, *so dass wir fast geblendet wurden.* Er fuhr, *so dass die Passagiere auf dem Rücksitz sich ängstliche Blicke zuwarfen.*

7. Der Komparativsatz

Komparativsätze werden mit einer Komparativkonjunktion (→ § 190) eingeleitet:

Det virket *som om filmen aldri skulle ta slutt.*	Es schien, *als ob der Film nie enden würde.*

Kapitel 14 Die Stellung der Satzglieder (Wortfolge)

Satzmodelle

Da sowohl die norwegischen als auch die deutschen Verbteile feste Stellen im Satz einnehmen, ist es möglich, schematische Satzmodelle von beiden Sprachen zu machen.

Das Hauptsatzmodell 231

1. Das norwegische Hauptsatzmodell:

VORFELD	MITTELFELD		SCHLUSSFELD	
	v		V	
Jeg	skal	kanskje	gi	Ole boka i dag.

2. Das deutsche Hauptsatzmodell:

VORFELD		MITTELFELD	
	v		V
Ich	werde	vielleicht heute Ole das Buch	geben.

Zeichenerklärung: v = finite Verbform, V = infinite Verbform

3. Vergleich der Hauptsatzmodelle

Beim Vergleich der zwei Beispielsätze sieht man, dass sowohl im Norwegischen als auch im Deutschen der Hauptsatz normalerweise mit einem Subjekt und einer finiten Verbform beginnt. Der wesentliche Unterschied besteht darin, dass die norwegische infinite Verbform nicht am Satzende steht. Sie leitet stattdessen ein Schlussfeld ein, das im Deutschen nur in Ausnahmefällen vorkommt.

Das Nebensatzmodell 232

1. Das norwegische Nebensatzmodell:

VERBINDUNGS-FELD	MITTELFELD		SCHLUSSFELD	
		v	V	
at	jeg kanskje	skal	gi	Ole boka i dag.

2. Das deutsche Nebensatzmodell:

VERBINDUNGS-FELD	MITTELFELD		
		V	v
dass	ich vielleicht heute Ole das Buch	geben	werde.

3. Vergleich der Nebensatzmodelle

Beim Vergleich der beiden oben aufgeführten Modelle erkennt man, dass sowohl die norwegische als auch die deutsche Verbform im Nebensatz nach rechts rückt. Aber während die deutsche finite Verbform ganz an das Satzende rückt und hinter der infiniten Verbform steht, rückt die norwegische finite Verbform nur an das Ende des Mittelfeldes und bleibt unmittelbar vor der infiniten Verbform stehen.

233 Die norwegischen Satzschemen

Da es im Norwegischen kaum Kasusunterscheidung gibt, stehen die norwegischen Satzglieder in einer festen Wortfolge. Daher ist es möglich, auf der zugrundeliegenden Satzgliedfolge ein Schema aufzustellen, das auf die meisten Sätze anzuwenden ist.

234 Das Hauptsatzschema

Das Hauptsatzschema sieht in seiner einfachsten Form folgendermaßen aus:

VORFELD	MITTELFELD			SCHLUSSFELD		
	v	n	a	V	N	A
Jeg (Ich)	har (habe)		allerede (bereits)	skrevet (geschrieben)	et brev (einen Brief)	til Kari. (an Kari)
Hvorfor (Warum)	må (musst)	du (du)	alltid (immer)	komme (kommen)		for sent? (zu spät)
	Har (Hast)	du (du)	ikke (nicht)	gjort (gemacht)	leksene (die Hausaufgaben)	i dag? (heute)
	Lukk (Schließ)				porten (das Tor)	nå! (jetzt)

v/V: Verbformen, n/N: nominale Glieder, a/A: Adverbiale

Kommentar zum Schema 235

• Vorfeld

Im Vorfeld kann prinzipiell jedes Satzglied stehen.

• Mittelfeld

Im Mittelfeld stehen folgende Satzglieder:

v finite Verbform
n Subjekt (auch vorläufiges und formales Subjekt), wenn es nicht im Vorfeld steht
a modifizierende Satzadverbiale; (einige Zeitadverbiale)

• Schlussfeld

V infinite Verbformen
N Objekte, Prädikative, eigentliches Subjekt
A Adverbiale der Zeit, des Ortes, des Grundes, der Art und Weise

Wie die obenstehenden Beispiele zeigen, müssen nicht immer alle Stellen im Schema besetzt sein: Die v-Stelle muss jedoch immer durch eine finite Verbform besetzt sein. Andererseits können auch mehrere Glieder an ein und derselben Stelle stehen, besonders an der N- und A-Stelle:

VORFELD	MITTELFELD			SCHLUSSFELD		
	v	n	a	V	N	A
Han	har			levert	*henne nøklene.*	
De	skal			reise		*med fly til Bergen i dag.*

(Er hat ihr die Schlüssel gebracht.
Sie werden heute nach Bergen fliegen.)

Über die Stellung der Satzglieder innerhalb ein und derselben Stelle (→ §240).

Subjekt im Vorfeld 236

Im Vorfeld steht immer nur ein einziges Satzglied; prinzipiell können alle Satzglieder diese Stelle einnehmen. Meistens und häufiger als im Deutschen steht jedoch das Subjekt an dieser Stelle:

VORFELD	MITTELFELD			SCHLUSSFELD		
	v	n	a	V	N	A
Han (Er)	har (hat)		ikke (nicht)	glemt (vergessen)	boka (das Buch)	i dag. (heute)

237 Andere Satzglieder als das Subjekt im Vorfeld

1. Wenn ein anderes Satzglied als das Subjekt im Vorfeld steht, kommt im Norwegischen wie im Deutschen das Subjekt unmittelbar nach der finiten Verbform:

VORFELD	MITTELFELD			SCHLUSSFELD		
	v	n	a	V	N	A
I dag	har	*han*	ikke	glemt	boka.	
Boka	har	*han*	ikke	glemt		i dag.
Ikke	har	*han*		glemt	boka	i dag.

Anmerkung: Diese Stellung des Subjekts ist im Norwegischen fester als im Deutschen. Die deutschen Sätze *Oft hat die Mutter es uns erzählt/ Oft hat es die Mutter uns erzählt/ Oft hat es uns die Mutter erzählt*, können im Norwegischen nur *Ofte har mor fortalt oss det* heißen.

2. Wie im Deutschen steht im Vorfeld häufig ein anderes Satzglied als das Subjekt:

• wenn das Satzglied des Vorfeldes mit etwas bereits im Text Erwähntem verknüpft wird:

Vi var i *Stavanger* i går. *Der* så vi en spennende fotballkamp.	Wir waren gestern in *Stavanger*. *Dort* haben wir ein spannendes Fußballspiel gesehen.

• wenn man das Satzglied zu betonen oder hervorzuheben wünscht:

I går var vi i Stavanger, ikke i forgårs.	*Gestern* waren wir in Stavanger, nicht vorgestern.

3. Im Norwegischen wird jedoch recht häufig eine Satzspaltungskonstruktion mit *det* im Vorfeld bevorzugt, wenn man ein Satzglied hervorheben will (→ § 203). Das betrifft besonders die Objekte, die wesentlich seltener als im Deutschen im Vorfeld stehen:

Det var meg han gav nøklene. *Det* var nøklene han gav meg.	*Mir* hat er die Schlüssel gegeben. *Die Schlüssel* hat er mir gegeben.

4. Im Norwegischen können auch die verbalen Satzglieder im Vorfeld stehen. Wenn die finite Verbform ins Vorfeld vorrückt, tritt das Verb *gjøre* als Platzhalter an die v-Stelle. Bei einer zusammengesetzten Verbform rückt die infinite Verbform ins Vorfeld vor. Häufig, aber nicht immer, tritt dann das Verb *gjøre* an die V-Stelle. Als Beispiel kann der Satz *De analyserte ofte på skolen* (Sie haben in der Schule oft interpretiert) dienen:

VORFELD	MITTELFELD			SCHLUSSFELD		
	v	n	a	V	N	A
Analysere	gjorde	de	ofte			på skolen.
Analysert	har	de	ofte	(gjort)		på skolen.

5. In der Regel rücken die Satzglieder, die eng mit dem Prädikat verbunden sind, mit ins Vorfeld:

VORFELD	MITTELFELD			SCHLUSSFELD		
	v	n	a	V	N	A
De	*analyserte*		ofte		*setninger*	på skolen.
Analyserte setninger	gjorde	de	ofte			på skolen.

Satzglieder an der a-Stelle 238

1. Modifizierende Satzadverbiale wie *ikke* (nicht), *kanskje* (vielleicht), *faktisk* (tatsächlich), *vanligvis* (gewöhnlich), *normalt* (normalerweise), *jo* (ja), *da* (doch), *nok* (bestimmt), *sikkert* (bestimmt), *vel (*wohl), *visst* (wohl), *helst* (am liebsten), *gjerne* (gern), u.a. stehen normalerweise an der a-Stelle:

VORFELD	MITTELFELD			SCHLUSSFELD		
	v	n	a	V	N	A
De	har		*nok*	kommet		hjem nå.
Vi	må		*visst*	prøve		en gang til.

(Sie werden jetzt bestimmt nach Hause gekommen sein.
Wir müssen wohl noch einmal probieren.)

2. Kurze Zeitadverbiale wie *allerede* (schon), *akkurat* (gerade), *snart* (bald), *alltid* (immer), *sjelden* (selten), *ofte* (oft), *nettopp* (gerade), u.a stehen oft an der a-Stelle, wenn sie unbetont sind:

VORFELD	MITTELFELD			SCHLUSSFELD		
	v	n	a	V	N	A
Jens	har		*akkurat*	dratt		hjem.
Dessverre	vil	vi	*ofte*	møte	slike holdninger.	

(Jens ist gerade nach Hause gefahren.
Leider werden wir oft solche Einstellungen antreffen.)

Anmerkung: Einige wenige Adverbiale der Art und Weise können in der formellen Schriftsprache an der n-Stelle auftreten:

Vorfeld	Mittelfeld			Schlussfeld		
	v	n	a	V	N	A
Jeg	vil		herved	erklære	broa	for åpnet.
Jeg	søker		med dette		stillingen som overlege.	

(Ich erkläre hiermit die Brücke für eröffnet.
Hiermit bewerbe ich mich um die Stelle als Oberarzt.)

239 Die Stellung der „schweren, umfangreichen" Satzglieder

1. Häufiger als im Deutschen vermeidet man im Norwegischen, umfangreiche Satzglieder, die aus vielen Wörtern bestehen, ins Vorfeld zu stellen.
Sehr häufig werden die „schweren, umfangreichen" Satzglieder hinter das eigentliche Satzschema in ein Nachfeld gerückt, das im Norwegischen oft *tungleddsfelt* („Schwergliedfeld") genannt wird:

VORFELD	MITTELFELD			SCHLUSSFELD			NACHFELD
	v	n	a	V	N	A	
Kameraten min	tror					hver lørdag	*at han skal vinne i tipping.*

(Mein Bekannter glaubt jeden Samstag, dass er im Lotto gewinnen wird.)

2. In Sätzen mit solchen „schweren" Satzgliedern im Nachfeld steht oft das Pronomen *det* an der eigentlichen Satzgliedstelle im Satzschema:

VORFELD	MITTELFELD			SCHLUSSFELD			NACHFELD
	v	n	a	V	N	A	
Læreren	måtte			gjøre	*det* klart	for henne	*at en slik oppførsel ikke kunne tåles.*

(Der Lehrer musste ihr klar machen, dass ein solches Benehmen nicht geduldet werden könne.)

3. Relativsätze können wie im Deutschen von ihrem Bezugswort getrennt werden:

VORFELD	MITTELFELD			SCHLUSSFELD			NACHFELD
	v	n	a	V	N	A	
I gamle dager	fantes	det			*studenter*	på universitetet	*som aldri var på lesesalen.*

(Früher gab es an der Universität Studenten, die nie im Lesesaal waren.)

Die Satzgliedreihenfolge innerhalb einer Stelle 240

Vor allem die a-, N- und A-Stellen sind häufig mit mehr als einem Satzglied besetzt:

- a-Stelle

Wenn mehrere Adverbiale gleichzeitig an der a-Stelle stehen, kommen zuerst die unbetonten Adverbien, dann folgen die Adverbien, die betont werden können, und am Ende das Adverb *ikke*:

VORFELD	MITTELFELD			SCHLUSSFELD		
	v	n	a	V	N	A
Jeg	kan		nok[1] likevel[2] ikke[3]	gjøre	det	i dag.
Han	har		jo[1] dessverre[2] ikke[3]	klart	eksamen	ennå.

(Ich kann das heute trotzdem wohl nicht machen.
Leider hat er ja die Prüfung noch nicht geschafft.)

- N-Stelle

Wenn die N-Stelle zwei Objekte beinhaltet, steht das indirekte Objekt im Norwegischen immer vor dem direkten Objekt (→ §206).

- A-Stelle

Wenn die A-Stelle ein Ortsadverb und ein Zeitadverb beinhaltet, steht das Ortsadverb im Gegensatz zum Deutschen fast immer vor dem Zeitadverb:

VORFELD	MITTELFELD			SCHLUSSFELD		
	v	n	a	V	N	A
Vi	skal			feriere		*på Bornholm* *i sommer.*

(Wir werden *im Sommer auf Bornholm* Urlaub machen.)

Abweichungen vom normalen Hauptsatzschema 241

Mittelfeldsadverbiale, betonte Pronomen und verneinende Satzglieder rücken in einigen Fällen nach links vor die normale Stelle im Satzschema. Außerdem steht der Wunschsatz in der Wortfolge des Nebensatzes.

1. Adverbiale

Das Mittelfeldsadverbial rückt in einigen Fällen nach vorne, vor allem wenn das Subjekt an der n-Stelle betont ist:

VORFELD	MITTELFELD				SCHLUSSFELD		
	v	a^1	n	a^2	V	N	A
Nå	orker	ikke	jeg		gjøre		mer.

(Jetzt kann ich nicht mehr.)

Anmerkung: Einige wenige Adverbiale, die eng mit der finiten Verbform verknüpft sind, können vor dieser stehen:

VORFELD	MITTELFELD				SCHLUSSFELD		
	a^1	v	n	a^2	V	N	A
Hun	*nesten*	hoppet					av glede.

(Sie sprang vor Freude fast in die Luft.)

2. Objekte

Sind die Objekte unbetonte Pronomen, rücken sie nach vorne an die n-Stelle des Mittelfeldes, wenn die V-Stelle unbesetzt ist:

VORFELD	MITTELFELD			SCHLUSSFELD		
	v	n	a	V	N	A
Jeg	gav		ikke		jenta boka.	
Jeg	gav	*henne*	ikke		boka.	
Jeg	gav	*henne den*	ikke.			

(Ich habe dem Mädchen das Buch nicht gegeben.)

3. Verneinende Satzglieder

Das verneinende Adverbial *ikke* hat seinen festen Platz an der a-Stelle im Mittelfeld, und entsprechende verneinende Objekte mit *ingen*, die normalerweise an der N-Stelle stehen, rücken an die a-Stelle:

VORFELD	MITTELFELD			SCHLUSSFELD		
	v	n	a	V	N	A
Han	har		ikke	fått	noen penger.	
Han	har		ingen penger	fått.		

(Er hat kein Geld bekommen.)

4. Der Wunschsatz

Der Wunschsatz, der mit der Konjunktion *hvis* beginnt, hat, ebenso wie im Deutschen, die Wortfolge des Nebensatzes und gehört aus diesem Grund in das Nebensatzschema:

VERBINDUNGS-FELD	MITTELFELD			SCHLUSSFELD		
	n	a	v	V	N	A
Hvis	jeg	bare ikke	hadde	gjort	den tabben!	

(Wenn ich nur nicht den Fehler gemacht hätte!)

Das Nebensatzschema 242

Die meisten Nebensätze passen in folgendes Schema:

VERBINDUNGS-FELD	MITTELFELD			SCHLUSSFELD		
	n	a	v	V	N	A
hvis som	han du	ikke snart	har vil	fått se.	svar	nå.

(wenn er jetzt nicht eine Antwort bekommen hat.
wie du bald sehen wirst.)

Unterschiede zwischen Neben- und Hauptsatzschema 243

Es bestehen folgende wichtige Unterschiede zwischen dem Neben- und Hauptsatzschema:

- Das Nebensatzschema hat kein Vorfeld. Die Stellung der Satzglieder ist daher fester.

- Im Nebensatzschema rückt die v-Stelle ganz an das Ende des Mittelfelds.

Abweichungen vom normalen Nebensatzschema 244

1. Nebensätze können auf dieselbe Weise wie Hauptsätze Adverbien und verneinende Satzglieder haben, die nicht in das Schema passen:

VERBINDUNGS-FELD	MITTELFELD				SCHLUSSFELD		
	a_1	n	a_2	v	V	N	A
Hvis Siden	*ikke*	du du	snart *ingenting*	hører, .. har	 sett,		

(Wenn du nicht bald gehorchst, ...
Da du nichts gesehen hast, ...)

2. Konditionalsätze ohne Konjunktion haben, in Übereinstimmung mit dem Deutschen, die Wortstellung des Hauptsatzes und passen daher in das Hauptsatzschema:

VORFELD	MITTELFELD			SCHLUSSFELD		
	v	n	a	V	N	A
	Hadde Hadde	jeg jeg	ikke bare ikke	gjort lest	den tabben,... denne boka....	

(Hätte ich den Fehler nicht gemacht, ...
Hätte ich nur nicht dieses Buch gelesen, ...)

Literaturverzeichnis

Askedal, J. O.: *Noen emner fra norsk-tysk kontrastiv grammatikk*. In: Norskrift 39. Oslo 1983.
Askedal, J. O.: *Indirekte dativobjekter i tysk i sammenligning med norsk*. Vorlesung. Bergen 1995.
Braunmüller, K.: *Die skandinavischen Sprachen im Überblick*. Tübingen 1991.
Freund, F./ Sundquist, B.: *Tysk grammatik*. Stockholm 1988.
Golden, A./ Mac Donald,K./ Ryen, E.: *Norsk som fremmedspråk. Grammatikk*. Oslo 1988.
Golden, A./ Mac Donald, K./ Ryen, E.: *Hva er vanskelig i grammatikken*. Oslo 1990.
Hagen, J.E.: *Fasong på norsken. Norsk grammatikk for fremmedspråklige*. Bergen 1994.
Husby, O.: *Utaleundervisning. Norsk som andrespråk*. Trondheim 1988.
Høyem, S./ Zickfeldt, A.W.: *Deutsche Lautlehre*. Oslo 1990.
Kulbrandstad, L.A.: *Språkets mønstre*. Oslo 1993.
Kvifte, B./ Berg, M.: *Norwegisch. Lehrbuch*. Leverkusen 1991.
Lie, S.: *Innføring i norsk syntaks*. Oslo 1991.
Mac Donald, K.: *Norsk grammatikk for fremmedspråklige*. Oslo 1992.
Næs, Olav: *Norsk grammatikk*. Oslo 1972.
Reiten, H.: *Tysk grammatikk*. Oslo 1983.
Strandskogen, R./Strandskogen, Å.: *Norsk grammatikk for utlendinger*. Oslo 1985.
Strandskogen, Å.: *Norsk fonetikk for utlendinger*. Oslo 1989.

Wort- und Sachregister

Die Zahlenangaben verweisen auf die Seitenzahlen.

A

B

D

G

H

I

N

O

P

R

S

T

Ü

U

V

W

Y

Z